Ochsenbein · ABC für Hundebesitzer

Urs Ochsenbein

ABC für Hundebesitzer

und solche, die es werden wollen

Mit 66 farbigen Abbildungen
und 77 Schwarz-Weiß-Abbildungen

Müller Rüschlikon
spezial

Einbandgestaltung: Katja Draenert

Titelbild: Chantal Lefeivre

Die vorliegende Spezialausgabe entspricht der 1988 erstmals erschienenen Originalausgabe.

ISBN 3-275-01450-1

Spezialausgabe: 1. Auflage 2003

Satz: Franz X. Stückle, Druck und Verlag, D-77955 Ettenheim
Druck und Bindung: Ebner & Spiegel, Ulm
Printed in Germany

Inhaltsverzeichnis

Zum Gebrauch dieses Buches 10

Kapitel I
Überlegungen vor dem Kauf 11
1. Die Wohnsituation 11
2. Allergien 12
3. Der Zeitaufwand 12
4. Der finanzielle Aufwand 13
5. Bevorstehende Veränderungen 13
6. Menschliche Beziehungen 13
7. Der Risiko-Faktor 14
8. Wo kaufen? 14
9. Angst vor dem Hundekauf? 15

Kapitel II
Wie geht man vor bei der Auswahl und beim Kauf eines Hundes? 16
1. Allgemeines 16
2. Der Kauf eines Welpen vom Züchter 17
   2.1 Welcher Hund paßt zu uns? 17
   2.2 Woran erkennt man den guten Züchter? 18
   2.3 Prägungsphase und Reifezeit 21
   2.4 Die Leistung des guten Züchters 22
   2.5 Welcher Welpe soll es sein? 24
   2.6 Wie alt soll der Welpe bei der Übernahme sein? 26
   2.7 Übernahme und Transport 28
3. Was bei der Anschaffung eines schon älteren Hundes zu beachten ist 32

Kapitel III
Einfügen des Welpen im Heimbereich 34
1. Die Stubenreinheit des Welpen 34
2. Der Welpe kommt erstmals ins Haus 36

3. Wo soll der Hund sein Lager haben? 37
4. Die erste Nacht 38
5. Grundsätzliches zum Verhalten der Besitzer 40

Kapitel IV
Erziehen heißt sich verständigen 41
1. Wie sag ich's meinem Hund? 41
2. Vom Welpen zum Junghund 41
3. Schelten und Strafen kann der Hund nicht verstehen ... 43
4. Der Hund hat keine Hände 44
5. Die spitzen Welpenzähnchen 44
6. Die Technik des korrigierenden Einwirkens 45
7. Ein praktisches Beispiel 46
8. Das Verknüpfen einer Handlung mit dem damit verbundenen Hörzeichen 46
9. Tabus setzen 48
10. Wie erziehen Hundeeltern ihre Kinder? 48
11. Das Hörzeichen «Nein» 49

Kapitel V
Erziehen beim Spazierengehen 51
1. Das Halsband-Leine-Ritual 51
2. Hinsetzen des Hundes vor Tür, Gartentor und am Randstein 52
3. Die Verknüpfung als Mittel der Verständigung 54
4. Spazieren mit dem Junghund 55
5. Risiken eingehen 55
6. Sich fortbewegen, statt zu rufen 56
7. Spazieren fördert den Kontakt 57
8. Der Junghund im Verkehr 58
9. Was tun, wenn der Hund blockiert? 60
10. Die Anpassungsfähigkeit des Hundes 61
11. Begegnungen mit andern Hunden und ihren Besitzern .. 61
12. Freilaufende Hunde begegnen sich 62
13. Das Fazit des Begegnungsablaufes 66
14. Begegnungen mit angeleinten Hunden 66
15. Wann macht man den Hund leinenführig? 67
16. Die Technik der Korrektur 67
17. Wie erwirkt man Leinenführigkeit? 68

18. Was tun, wenn der Hund an der Leine zu zerren beginnt? 70
19. Mit der Leine selten, dann aber kräftig einwirken 70
20. Wenn der Hund ohne äußeren Anlaß an der Leine zerrt 71
21. Das Problem mit uneingeweihten Passanten 72
22. Das Herbeirufen des Hundes 72
23. Konsequenz bedeutet: Stets gleichförmig handeln 73
24. Abrufübungen einschalten 74

Kapitel VI
Die drei Grundübungen 76
1. Gehen, Wenden, Anhalten, Setzen 76
2. Die Bleibübung 81
3. Die Abrufübung (Herbeikommen) 84
4. Praktische Anwendung der Grundübungen auf dem Spaziergang 88

Kapitel VII
Unerwünschtes Verhalten – wie korrigieren? 91
1. Das Verleiden einer Unart 91
2. Korrektur und Lob 93
3. Die Korrektur einer Verhaltens-Schwäche 96
4. Zusammenstellung der am meisten vorkommenden Unarten und Verhaltens-Schwächen 98
4.1 Die häufigsten Unarten 98
– Zerrt an der Leine 98
– Springt an Personen hoch 98
– Streunen 98
– Jagen und Wildern 98
– Bellen und Kläffen 100
– Wie gewöhnt man das Bellen ab? 102
– Bleibt nicht allein zuhause 103
– Macht in die Wohnung 103
– Erbricht im Auto 104
4.2 Fehlender Gehorsam 104
– Reagiert nicht auf Ruf 104
– Kommt nicht ganz herbei 104
4.3 Ängste 104
– Allgemeine Ängstlichkeit 104
– Angst vor Artgenossen 104

– Angst vor Geräuschen und optischen Erscheinungen 104
– Schreckhaftigkeit im Verkehr 104
– Scheu vor Menschen 104
4.4 Aggressives Verhalten 104
– Aggressiv gegenüber Artgenossen 104
– Aggressiv gegenüber Personen 104
– Unberechenbarkeit gegenüber Kindern 104
4.5 Unarten im Heimbereich 104
– Benagen von Teppichen und Möbelstücken 104
– Belästigen von Besuchern 105
4.6 Unarten außer Haus 105
– Verfolgen von sich bewegenden Personen, Tieren und Fahrzeugen 105
– Aufnehmen von Unrat, Kot und Steinen 105
– Wälzen in Dreck und Schmutz 106
4.7 Erwünschte Eigenschaften fehlen 106
– Zutraulichkeit zu Fremdpersonen 106
– Schutzverhalten fehlt 106
– Wachsamkeit fehlt 106

Kapitel VIII
Was der Hundehalter außerdem wissen muß 107
– Aggressives Verhalten 107
– Auto 111
– Besuch 117
– Büro 118
– Ernährung 121
– Erziehungskurs 122
– Fotografieren 126
– Geschenk 133
– Hundebücher 136
– Hundesport 138
– Jogger 143
– Kinder 147
– Knalleffekte 150
– Maulkorb 152
– Pflege 156
– Psychologen? 159
– Reisen 160

– Schadenfälle 164
– Stachelhalsband 167
– Tierarzt 169
– Verhaltensgestört? 171
– Versäubern 174
– Wasser 175

Kapitel IX
Kynologie für Anfänger 181
– Das Auge – Sehen und Erkennen 184
– Farbsehen 187
– Das Ohr – Horchen und Hören 187
– Die Nase – Riechen und Finden 188
– In der Natur des Hundes angelegte
Verhaltensweisen – vom Spiel des Hundes 191
– Vom Familiensinn des Hundes 193
– Vom Schutzverhalten des Hundes 194
– Den Hund nicht vermenschlichen 197

Die Adressen der Landesverbände 199

Einige Hundebücher 199

Register 200

Zum Gebrauch dieses Buches

Wer überlegt, ob er einen Hund anschaffen will oder nicht, findet hier eine fundierte Entscheidungshilfe.
Wer sich zum Kauf eines Hundes entschlossen hat – sei es ein Welpe oder ein älteres Tier, sei es ein Rassehund oder ein Mischling – erhält jene Informationen, die er benötigt, um mit guter Wahrscheinlichkeit ein zu ihm passendes und angenehm zu haltendes Haustier auszuwählen.
Wer den erwählten Hund nachhause nimmt, findet hier eine umfassende Anleitung, wie er in den Familienbereich einzufügen und zu erziehen ist.
Wer mit seinem Hund in Schwierigkeiten geraten ist, kann sich darüber orientieren, was vermutlich dazu geführt hat und wie die aufgetretenen Untugenden behoben werden können.
Für jedermann findet sich hier eine Einführung in das Wesen des Hundes, sein Auffassungsvermögen sowie in den Bereich der Mensch-Hund-Beziehung, die in vorgeschichtliche Zeit zurückreicht und gerade heute erneut an Aktualität gewonnen hat.
Soforthilfe: Wer findet, sein Hund gehorche ihm ganz allgemein nicht, kann sogleich mit den in Kapitel VI zum Selbermachen dargelegten Grundübungen beginnen. Wenn er danach arbeitet, wird er in kurzer Zeit mehr Einfluß auf seinen Hund haben.

Anmerkung

Wer dieses Buch durchliest, wird auf einige wiederholt erwähnte Angaben und Empfehlungen stoßen. Diese wurden im Interesse jenes Lesers im Text belassen, der nach dem ihn im Moment interessierenden Kapitel greift. Er wird dann über das jeweilige Thema umfassend orientiert. Im Text wie im Stichwortverzeichnis finden sich zudem Hinweise mit Seitenangaben darüber, wo das betreffende Problem zusätzlich behandelt wird.

Kapitel I
Überlegungen vor dem Kauf

Mit der Anschaffung eines Hundes geht man immer einige Risiken ein. Das weiß eigentlich jedermann. Aber der eine nimmt dies auf die leichte Schulter und schrickt vor einem spontanen Entschluß nicht zurück. Der andere dagegen läßt Vorsicht im Übermaß walten, erkundigt sich bei verschiedenen Leuten, die ihm als Ratgeber in Hundesachen geeignet erscheinen. Dabei erhält er nicht selten widersprüchliche Auskünfte. Entweder verunsichert ihn dies so sehr, daß er schließlich von einem Kauf absieht, oder er schafft sich am Ende doch unter Zittern und Zagen einen Hund an. Die beiden genannten Käufertypen sind gegensätzliche Erscheinungen. Der eine kauft zu unbedacht und schnell und geht damit ein allzu großes Risiko ein. Der andere läuft Gefahr, aus lauter Vorsicht und Unsicherheit beim falschen Verkäufer zu landen. Beide können natürlich Glück haben und dennoch einen angenehm zu haltenden Hund erwerben. Doch zeigt uns die Erfahrung, daß hier der glückliche Zufall nicht immer mitspielt. Und da es nun wirklich möglich ist, das Risiko auf recht einfache Weise herabzusetzen und die Chance, einen Hund nach unseren Wünschen zu erhalten, zu erhöhen, seien hier einige Ratschläge aufgeführt.
Im Grunde stellen sich vor dem Kauf zwei Fragen:
Erstens, können wir überhaupt einen Hund halten? Zweitens, wenn ja, ist es dann sinnvoll und für alle von der Hundehaltung Betroffenen erträglich, einen Hund in die Familie aufzunehmen?
Um diese beiden Fragen zu beantworten, müssen wir folgende Erwägungen anstellen:

1. Die Wohnsituation

Mieter bedürfen einer Bewilligung seitens des Hauseigentümers, die meistens unter dem Vorbehalt erteilt wird, daß keine Reklamationen erfolgen. Es empfiehlt sich in diesem Fall, die andern Mieter über den Kauf zu informieren, bevor der Hund da ist und die Nachbarn sich vor eine Tatsache gestellt sehen.

Inhaber von Eigentumswohnungen sollten sich ebenfalls vor dem Kauf mit den Nachbarn im Hause absprechen, damit nicht Reibereien vorprogrammiert sind.
Einfamilienhaus-Besitzer tun ebenfalls gut daran, die Nachbarn zu informieren, bevor der Hund im Garten erscheint. Das gilt besonders für Reihenhaus-Inhaber.

Wo versäubern, wo spazieren?
In bezug auf die Wohnsituation sollte man sich auch überlegen, wie weit eine geeignete Stelle vom Haus entfernt ist, wo man den Hund – falls kein eigener Garten zur Verfügung steht – sich versäubern lassen kann, ohne Ärger zu erregen. Aber auch, wo sich die nächste Gelegenheit zum Freilaufenlassen befindet. Diese Distanz kann sich auch auf den Zeitbedarf auswirken, den die Haltung eines Hundes bedingt.

2. Allergien

Es lohnt sich abzuklären, ob ein Familienmitglied an einer Tierhaar-Allergie leidet, was die Haltung eines Hundes verunmöglichen würde. Leider kommt es immer wieder vor, daß ein schon zum Familienliebling gewordener Hund aus diesem Grunde weggegeben werden muß.

3. Der Zeitaufwand

Der Hund braucht wenig Platz, aber genügend Zuwendung seitens der Besitzer und ausreichende Bewegung. Ein großer Garten ist dafür kein Ersatz. Hier wird der Hund – allein gelassen – vereinsamen und verwahrlosen. Man muß ihn also beschäftigen, mindestens zweimal ausführen, mit ihm spielen, ihn füttern und pflegen. Es ergibt sich auch vermehrte Hausarbeit, denn jeder Hund bringt Schmutz in die Wohnung, und sein abgehendes Haar erfordert nicht selten Kleinarbeit mit dem Staubsauger. Dies hängt natürlich auch vom Rassetyp des Hundes ab.
Wer eine Zahl hören möchte: Ohne zwei bis drei Stunden Mehraufwand pro Tag geht es nicht. Und auch dies nur dann, wenn man sich übers Wochenende wirklich mehr Zeit für den Hund nimmt.

4. Der finanzielle Aufwand

Die Anschaffungskosten des Hundes sollten nicht maßgebend sein bei der Entscheidung, ob man sich für die Hundehaltung entschließt oder nicht. Denn die Haltungskosten pro Jahr fallen bedeutend stärker ins Gewicht. Alles in allem sollte man bei einem mittelgroßen Hund pro Tag mit 5.- DM/FR rechnen, will man sich nicht selbst betrügen. Das macht dann im Jahr etwa DM/FR 1800.- aus, normale Tierarztkosten, Hundesteuer und Futter inbegriffen. Bringt man den Hund während dem Urlaub in ein Ferienheim oder hat man außerordentliche Tierarztrechnungen zu bezahlen, liegen die Ausgaben bald einmal bei DM/FR 2500.- und mehr.

Wer einen «billigen» Hund kauft, um zu sparen, sollte darauf achten, daß der niedrige Preis nicht mit einer unfachgemäßen Aufzucht zusammenhängt. Dann ist nämlich die Wahrscheinlichkeit groß, daß man dem Veterinär ein Vielfaches des Preisunterschiedes zu entrichten hat. Solche Hunde leiden oft an langwierigen Gesundheitsstörungen wie Ekzemen, Verdauungsbeschwerden und ähnlichen Krankheiten, welche eine aufwendige Behandlung und nicht selten auch teure Diätkost erfordern.

5. Bevorstehende Veränderungen

Stehen abzusehende Veränderungen bevor wie Umzug oder die Geburt eines Kindes, sollte man sich die Anschaffung eines Hundes besonders gut überlegen. Je mehr uns ein solches Ereignis in Anspruch nimmt, desto weniger Kraft und Zeit bleibt für den Hund übrig. Das merkt er, und er reagiert dann oft mit unerwünschtem Verhalten, das uns zusätzlich belasten kann. Junge Hunde können beispielsweise wieder unsauber werden, Möbelstücke und Teppiche benagen oder im Garten Löcher in Beete und Rasen graben.

6. Menschliche Beziehungen

Nicht zuletzt sollte man sich dessen bewußt sein, daß mit dem Hund auch Veränderungen in unseren menschlichen Beziehungen eintreten können. Daß man nicht gegen den Willen eines Familienmitgliedes einen Hund anschaffen sollte, dürfte klar sein, weil damit Spannungen entstehen, welche sich auch auf den Hund und sein Verhalten auswirken können. Weniger bekannt ist, daß man als Hundehalter bei Freunden und Verwandten sehr oft nicht mehr ein gern gesehener Gast ist. Es werden sich auch einige bisherige Gäste nicht mehr bei uns sehen lassen. Auch dies wäre zu bedenken.

7. Der Risiko-Faktor

Jeder Hund – auch der kleinste – bedeutet eine potentielle Gefährdung unserer selbst sowie von Drittpersonen und ihrem Eigentum. Schon ein Welpe kann uns vor die Füße geraten, so daß wir stürzen und uns verletzen. Ein Pekinese von dreieinhalb Kilogramm kann in einem unbewachten Augenblick auf die Straße rennen und einen Autolenker zur Vollbremsung oder zu einem gefährlichen Schwenker veranlassen. Immer wieder führt dies zu Frontalkollisionen oder Auffahr-Unfällen, wobei über den Sachschaden hinaus schwerste Körperverletzungen mit bleibenden Folgen entstehen können. Der Hundehalter haftet in solchen Fällen von Gesetzes wegen selbst dann, wenn ihn kein Mitverschulden trifft. Er tut deshalb gut daran, bei der Anschaffung eines Hundes zu überprüfen, ob seine Haftpflicht-Versicherung durch den Hund verursachte Schäden deckt. Dabei sollte die gedeckte Schadensumme zumindest eine Million DM/FR betragen, wie dies die meisten Gesellschaften ja auch vorsehen. Im Falle eines Schadens sollte man sich nicht mit dem Geschädigten auseinandersetzen, sondern unverzüglich die Versicherungsgesellschaft benachrichtigen. Sie wird dann die Schadensregelung an die Hand nehmen.

8. Wo kaufen?

Wer einen Hund anschafft, hat die Wahl, sich an einen anerkannten Züchter zu wenden oder aber im freien Verkauf – meist über ein Inserat – einen Hund auszusuchen. In beiden Fällen kann er Glück oder Pech haben. Warum jedoch die Chance, einen gesunden und angenehm zu haltenden Hund zu erhalten, beim Züchter größer ist, wird im folgenden Kapitel dargelegt.

9. Angst vor dem Hundekauf?

Die oben angeführten Punkte, die man sich vor der Anschaffung eines Hundes durch den Kopf gehen lassen sollte, dürften beim Leser zumindest einiges Stirnrunzeln verursacht haben. Die Erfahrung zeigt jedoch, daß alle Hinweise auf die Belastung, die ein Hund mit sich bringt, einen zum Kauf entschlossenen Menschen kaum je von seinem Vorhaben abbringen. Man kann dann nur hoffen, daß er auch dann die Hundehaltung mit derselben optimistischen Einstellung aufrechterhält, wenn es zu Schwierigkeiten kommt, was unausweichlich geschehen wird. Denn Hundehaltung ist immer ein Abenteuer mit positiven und negativen Überraschungen. Andererseits lehrt die Erfahrung ebenfalls, daß mit Geduld und gutem Willen – freilich auch mit den nötigen Kenntnissen – jeder Hund sich am Ende zu einem Verhalten bringen läßt, das mehr Freude als Ärger bereitet und somit verantwortet werden kann. Denn Hundehaltung ist lernbar. *Die entsprechenden Grundlagen dazu zu vermitteln, ist denn auch Ziel und Zweck des vorliegenden Buches.*

Kapitel II

Wie geht man vor bei der Auswahl und beim Kauf eines Hundes?

Selbst dann, wenn man schon genau weiß, was für einen Hund man anschaffen will und womöglich auch den Züchter bereits kennt, ist es von Vorteil, wenn man sich vor dem Kauf nochmals anhand der hier folgenden Hinweise orientiert. Das gilt auch dann, wenn man mehr oder weniger zufällig an ein bestimmtes Tier geraten ist, das man nun übernehmen möchte. Gerade bei Zufallskäufen schadet es nicht, wenn man über die sich daraus ergebenden Konsequenzen informiert ist.

1. Allgemeines

Was für einen Hund möchten wir haben, einen kleinen, einen großen? Bei dieser Frage gilt es zu beachten, daß kleinere Hunde nicht unbedingt einfacher zu halten sind oder weniger Platz brauchen als große. Wird ihm genügend Zuwendung, Beschäftigung und Bewegung zuteil, hat auch ein mittelgroßer Hund auf kleinem Raum Platz. Was wir aber auf jeden Fall aufzuwenden haben, ist viel Zeit. Hierbei spielt das Bewegungsbedürfnis des Hundes eine gewisse Rolle. Ein eher massiger, kompakter Hund mittlerer Temperamentslage benötigt in der Regel weniger Auslauf als ein temperamentvoller Muskelprotz mit hoher Ausdauer. Insofern könnte man sich in dieser Beziehung Überlegungen machen, doch hat dies mit der Größe des Hundes wenig zu tun. Im übrigen können uns kleine Hunde genauso große Sorgen bereiten wie mächtigere Tiere, dann zum Beispiel, wenn sie kläffen. Schwere Brocken dagegen können dann gefährlich sein, wenn es nicht gelingt, sie leinenführig zu machen. Auch dies wäre zu bedenken.
Wünschen wir uns einen Rassehund, können wir in einem Hundebuch nachschlagen, was es für Rassen gibt und wie diese sich im allgemeinen verhalten. Auf solche Angaben sollten wir uns jedoch nicht allzusehr verlassen. Denn in den Büchern sind vor allem die Vorzüge angegeben, und zudem gibt es manche Tiere, die sich gar

Der fünf Wochen alte Bernhardiner-Welpe ist schon jetzt schwerer als der ausgewachsene Yorkshire Terrier.

Der Irish Wolfhound gilt als der größte aller Hunde.

Das Erlebnis des Zusammenlebens mit dem Hund hängt nicht von dessen Größe ab, sondern von der Art, wie man sich ihm zuwendet, ihn erzieht und sich mit ihm beschäftigt.

Rottweiler Hündin mit säugenden Welpen.

Deutsche Schäferhündin mit mehrheitlich dösenden Welpen.

Dieser Wurf von acht Labradorwelpen wird hier noch während der Säugephase zugefüttert.

Welpen sollten schon in ihren ersten Lebenswochen mit Kindern in Kontakt kommen, dann verhalten sie sich auch später verträglich gegenüber Kindern.

nicht rassetypisch verhalten. Hund bleibt eben immer Hund. Ob er schwierig wird, hängt weniger von seiner Rasse ab als von seiner «Kinderstube» und von unserem eigenen Verhalten. Was damit gemeint ist, werden wir noch näher erläutern.
Wünschen wir uns einen Mischlingswelpen, sollten wir nämlich genauso wie beim Rassetier darauf achten, wie er aufwuchs. Läßt sich nicht feststellen, unter welchen Bedingungen er die ersten acht bis zwölf Lebenswochen verbracht hat, kann nicht vorausgesagt werden, wie ungefähr er sich später als erwachsenes Tier verhalten wird.
Es stellt sich weiter die Frage, ob wir einer Hündin oder einem Rüden den Vorzug geben möchten. Dabei kann man sich ruhig gefühlsmäßig entscheiden, denn die Erfahrung zeigt, daß sich die Vor- und Nachteile beim weiblichen und männlichen Tier in der Regel aufheben. Jedenfalls sind Hundehalter, die nach mehreren Hündinnen zu einem Rüden übergehen, mit diesem genauso zufrieden und umgekehrt.

2. Der Kauf eines Welpen vom Züchter

Drei Fragen sollten wir vor allem bei der erstmaligen Anschaffung eines Hundes abzuklären versuchen, nämlich: Welche Art von Hund (Rasse) paßt zu uns? Welcher Züchter bietet die beste Gewähr, daß wir einen später angenehm zu haltenden Welpen erhalten? Und schließlich: Welcher Welpe aus dem Wurf sollte es sein?

2.1 Welcher Hund paßt zu uns?

Hundehaltung ist vorwiegend eine Familienangelegenheit. Aber auch der alleinstehende Hundebesitzer hat meist Rücksichten auf andere Personen zu nehmen. Es schadet somit auch hier nicht, wenn man sich über die Wahl der Rasse oder des Rassetyps abspricht. Was es nun an Rassen gibt – im ganzen sollen es etwa vierhundert sein –, darüber kann man sich anhand von Büchern orientieren. Über die vorhandenen Züchter geben die Landesorganisationen Auskunft. Wo zur Zeit Würfe stehen, ist bei den zuständigen Rasseklubs zu erfahren.

Nun enthalten die Beschreibungen der einzelnen Rassen auch Hinweise über deren Charaktereigenschaften. Man nennt sie die rassespezifischen Wesensmerkmale. Wie wir schon angedeutet haben, sind diese mit Vorsicht aufzunehmen. Je mehr hier überschwenglich gerühmt wird – so etwa mit Worten wie «mutig», «unbestechlich» oder «treu bis in den Tod» – desto unseriöser und unbrauchbarer sind solche Angaben. Jedenfalls sollte man sich nie durch sie zur Wahl einer bestimmten Rasse verleiten lassen. Vielmehr sollte man sich vor Augen halten, daß sich die Rassen nur in Verhaltens-Trends voneinander unterscheiden. Im Grunde bleibt ein Hund immer noch ein Hund, der sich je nach der Beeinflussung durch den Züchter und den Besitzer ein spezielles Verhalten aneignet, das sich dann im Rahmen der ihm gegebenen wesensmäßigen Grundanlage bewegt. Diese Grundanlage ist allerdings das Produkt einer seriösen fachgerechten Zucht über Jahrzehnte hinweg.
Man darf also ruhig davon ausgehen, daß es bei jeder Rasse Hunde gibt, die sich für unsere Verhältnisse eignen, sofern sie fachgerecht gezüchtet und aufgezogen worden sind und zudem von uns vernünftig erzogen werden. Das bedeutet, daß wir punkto Wahl der Rasse unbesorgt unseren Sympathien folgen können, ohne besondere Risiken einzugehen. Immerhin sollte uns der gesunde Menschenverstand nicht ganz verlassen. So wird man sicherlich nicht einen extrem lauffreudigen Hund anschaffen, wenn man in Waldnähe wohnt und selbst kein Jäger ist, um nur ein Beispiel zu nennen.

2.2 Woran erkennt man den guten Züchter?

Um diese Frage beantworten zu können, müssen wir ein wenig Einblick in die Wesensentwicklung des Hundes haben. Von der Geburt bis zum Ende der dritten Lebenswoche nehmen die Welpen ihr weiteres Umfeld kaum wahr. Sie schlafen, trinken und halten sich durch Kontaktliegen gegenseitig warm. Die Hündin betreut sie, sorgt auch für ihre Sauberhaltung und paßt auf, daß sich kein Welpe außerhalb der Wurfmulde verliert. Dann aber, ungefähr mit dem Beginn der vierten Lebenswoche, sind ihre Sinne plötzlich hellwach, und sie sind nun bis etwa zum Ende der zwölften Lebenswoche derart aufnahmefähig, wie dies später nie mehr der Fall sein wird. Es handelt sich um eine nicht wiederholbare Prägungsphase, die unbedingt genutzt werden muß. Es gilt hier das abgewandelte Sprichwort: «Was Hündchen nicht lernt, lernt Hund nimmermehr». Denn selbst der bestens veranlagte Hund wird zum schwierigen Hausgenossen, wenn er in seinen ersten zwölf Lebenswochen nicht Gelegenheit erhielt, mit all dem Bekanntschaft zu machen, was ihn später beim Besitzer erwartet. Das ist eine mehrfach erforschte und erwiesene Tatsache. Sie hängt damit zusammen, daß der Welpe in dieser kritischen Zeitspanne seiner Entwicklung unerhört anpassungsfähig ist. Was ihm hier geschieht und begegnet, setzt sich in seinem Gedächtnis fest und wird ihm lebenslang vertraut bleiben. Was er dagegen nicht erfährt, wird ihm später bedrohlich erscheinen und ihn verunsichern, und er wird sich niemals ganz damit vertraut machen können. So haben Hunde, die als Welpen nicht mit Kindern in Kontakt gekommen sind, später stets eine mehr oder weniger ausgeprägte Unsicherheit so jungen Menschen gegenüber. Sie weichen ihnen aus oder reagieren aggressiv, auch wenn im Hundebuch geschrieben steht, diese Rasse sei besonders «kinderlieb». Dasselbe gilt nun für alle anderen Erscheinungen auch, vom Motorengeräusch (Verkehrslärm) über die Angst vor Innenräumen bis zur prinzipiellen Aggressivität gegenüber anderen Hunden. Ein einzeln aufgezogener Welpe ist später stets ein potentieller Raufer, oder er zieht infolge seiner Unsicherheit die Aggression anderer Hunde auf sich.

Es ist also wichtig, daß der Welpe in einer belebten Umwelt aufwächst, die in etwa dem Umfeld entspricht, das ihn beim Besitzer erwartet. Ein guter Züchter weiß das und sorgt dafür, daß seine Welpen in dieser Beziehung gut vorbereitet den Zwinger verlassen. Beim Züchter können wir auch selbst kontrollieren, unter welchen Bedingungen unser Hund aufwächst, indem wir von der vierten Lebenswoche an den Wurf ab und zu besuchen. Der Züchter wird uns dann auch beraten, welcher der Welpen sich für unsere Verhältnisse am besten eignet.

All dies ist umso wichtiger, als jene Mängel, welche durch eine «umweltarme» Aufzucht entstehen, bei der Übernahme des Welpen noch nicht in Erscheinung treten. Dies geschieht erst viel später, nämlich während der Pubertät (siebter bis neunter Monat). Man sieht, daß der Kauf beim Züchter ganz konkrete Vorteile bietet. Natürlich genießen wir diese Vorteile auch beim Mischlingswelpen, sofern er im Wurf fachgerecht aufgezogen wird und man dies auch beobachten kann. Denn wesensmäßig sind Mischlinge weder besser noch schlechter als Rassetiere, auch sie stammen ja von solchen ab.

Nach alledem ist der gute Züchter daran zu erkennen, wieviel Zeit er für die Vorbereitung der Welpen auf ihr späteres Umfeld aufwendet und ob er den Zwinger so gestaltet hat, daß die Welpen selbst jene Erfahrungen machen können, die für ihr späteres Verhalten wichtig sind, wozu im Hinblick auf die Stubenreinheit unterschiedliche Bodenstrukturen gehören.

Bei dieser Gelegenheit sei eindringlich gewarnt vor jenen Hunden, die man über den Katalog eines Versandgeschäftes «direkt vom Züchter» kaufen kann. Sie wachsen in Großzuchten auf, wo alles darauf eingerichtet ist, möglichst wenig Arbeit zu machen. Das bedeutet, daß diese Tiere nur minimal in Kontakt mit Menschen kommen. Für den Laien sieht so eine «Vermehrungs-Stätte» eindrücklich aus, weil alles so sauber erscheint und technisch perfekt. Die Hündinnen bringen ihr Leben größtenteils in jenen Kunststoffbuchten zu, wo sie auch werfen und die Welpen aufziehen. Eine Spülanlage übernimmt die Reinigung. Um der Rendite willen werden die Welpen allzufrüh abgegeben, nämlich schon mit sieben oder gar nur sechs Wochen, wodurch sie der so wichtigen Sozialisierungsphase mit den Artgenossen verlustig gehen und später mit diesen nicht auf natürliche Weise zurechtkommen. Es ergeben sich für den Käufer somit nichts als Nachteile, welche jedoch bei der Übernahme des Welpen noch nicht erkannt werden können. Die Probleme treten später auf, wenn uns ein Hund schon längst ans Herz gewachsen ist. Von diesen «Hundefabriken» und den Versandhäusern ist dann keine Hilfe und auch kein Entgegenkommen zu erwarten, da sie dazu rechtlich nicht verpflichtet sind.

Der beste Weg für den Laien, einen möglichst anpassungsfähigen Hund zu kaufen, führt aus den angeführten Gründen bestimmt über den Züchter, der seine Welpen als Lebewesen betrachtet, zu denen er in Beziehung steht, und nicht als Ware, die ihm möglichst viel einbringen soll. Am meisten lernt man, wenn man nicht nur eine, sondern zwei oder drei Zuchtstätten der erwählten Rasse besucht. Beim guten Züchter sind wir stets willkommen, weil unser Besuch ja immer auch eine Belebung des Umfeldes der Welpen mit sich bringt. Werden wir jedoch mit Ausflüchten wie «aus

Gründen der Hygiene» oder «wegen Ansteckungsgefahr» davon abgehalten, den Wurf und die Hündin im Zwinger zu beobachten, sind wir am falschen Ort. Wo wir aber zugelassen und sachlich orientiert werden, dürfen wir damit rechnen, im Züchter eine Vertrauensperson gefunden zu haben, die uns jetzt und bei Bedarf ebenfalls später gut beraten wird. Was ein guter Züchter leistet, um die Wesensentwicklung der Welpen in unserem Interesse zu fördern, geht aus der folgenden Tabelle hervor.

2.3 Prägungsphase und Reifezeit

In jedem Wurf zeigen sich Welpen verschiedener Anlage. Der eine wirkt schon recht sicher, der andere weniger. Sorgt jedoch der Züchter für eine angemessene Belebung des Zwingerbereichs, indem seine Zöglinge genügend Kontakte zu verschiedenen Personen, Bodenstrukturen, Geräuschen und optischen Erscheinungen erfahren, wird auch ein zu Anfang noch unsicher erscheinender Welpe im Erwachsenenalter den Ansprüchen genügen können, welche dann sein Umfeld an ihn stellt. Wie schon gesagt, ist der heikle Punkt an der Sache jedoch, daß jene Schwächen, die auf mangelnde Belebtheit des Umfeldes während der Prägungsphase zurückzuführen sind, sich bei der Übergabe an den Besitzer mit acht bis zwölf Wochen noch kaum oder gar nicht erkennen lassen. Erst im Laufe der Pubertät, also einige Monate später, manifestieren sie sich. Ein Junghund zeigt sich dann plötzlich scheu gegenüber fremden Personen, reagiert unangenehm, wenn Besuch kommt. Oder er verhält sich schreckhaft im Straßenverkehr oder bei anderen Erscheinungen unseres technisierten Lebens. Auch Ängstlichkeit vor Treppen oder engen Passagen kann nicht selten bei Junghunden ganz unerwartet auftreten.

2.4 Die Leistung des guten Züchters in bezug auf die Wesensbildung des Welpen im Hinblick auf das spätere Verhalten des erwachsenen Hundes

Erwünscht ist ein an unsere technisierte Umwelt angepaßter Hund, der sich kontaktfreudig und sicher gegenüber Menschen und Artgenossen verhält. Das heißt, ein einfach und angenehm zu haltender Hund. Dies erfordert vom Züchter gezielte Maßnahmen, nämlich:

1. Vor der Geburt

Gesundheit, Wesen und Kondition fördernder Aufbau der Zuchthündin. Auswahl eines Zuchtrüden, der in Verbindung mit der Hündin optimal veranlagte Welpen erwarten läßt.
Den Bedürfnissen der trächtigen Hündin und ihren künftigen Jungen angepaßte Ernährung. Gesundheitsprophylaxe für Muttertier und künftige Welpen.

2. Bei der Geburt

Bereitstellung des Wurflagers in zugfreier, warmer und trockener Umgebung. Betreuung beim Geburtsvorgang.

3. Während den ersten 3 Wochen

Beobachtung und Pflege der Hündin mit ihren Welpen während den ersten drei Lebenswochen.

4. Von der vierten Lebenswoche bis zur Abgabe an den Besitzer in der 8. bis 12. Lebenswoche (Prägungsphase)

Diese Zusammenstellung enthält eine Übersicht auf empfehlenswerte Vorgänge, welche keineswegs tagtäglich vor sich gehen müssen, um wirksam zu sein. Es genügt, wenn sie ab und zu während der Prägungsphase erfolgen. Der hier verwendete Ausdruck «Gewöhnung an» ist im Sinne von «Bekanntmachen mit» zu verstehen.

Gestalten eines belebten, die Wesensbildung fördernden Umfeldes, zur Vorbereitung der Welpen auf ihren späteren Lebensbereich

Vorgang	Ergibt später
Kontakte zu erwachsenen Personen beiderlei Geschlechts	Kontaktfreude: Der Hund ist gegenüber den ihn erziehenden Personen belastbar und ansprechbar. Er ist sicher und freundlich bei Besuch.
Kontakte und Spiel mit Kindern	Kontaktfreude: Der Hund ist sicher gegenüber Kindern und reagiert nicht aggressiv.
Gewöhnung an verschiedene Bodenstrukturen auch im Außenbereich	Er wählt zum Versäubern die weichsten Stellen und ist damit in Kürze stubenrein zu kriegen.
Gewöhnung an Innenräume, Treppen, Engnisse, glatte Böden und unebenes Gelände	Der Hund bewegt sich sicher in Haus, Garten und Umgelände sowie auf glatten Böden, in Lifts und engen Räumen.
Gewöhnung an Motoren von Staubsauger, Küchengerät und Autos sowie an Stadtgeräusche und Stadtgerüche	Unerschrockenes Verhalten bei allen motorischen Geräuschen im Haus und im Verkehr. Sicheres Verhalten im Auto.
Gewöhnung an optische Erscheinungen: Sich bewegende Objekte wie Tücher, Bälle	Unerschrockenes Verhalten bei optischen Effekten, Sicherheit im Verkehr.
Auslebenlassen der Sozialisierungsphase der Welpen untereinander (dazu siehe Seite 18 ff.)	Sicherheit im Verhalten gegenüber Artgenossen. Der Hund neigt nicht zur Aggression und provoziert diese auch nicht durch sein unsicheres Verhalten.

Achtung:
Mängel infolge ungenügender Förderung der Welpen während der Prägungsphase wie Angst, Unsicherheit, Schreckhaftigkeit sowie Kontaktscheu gegenüber den Artgenossen und dem Menschen, treten erst im Laufe oder nach der Reifezeit (7. bis 9. Monat) auf und *sind somit bei der Übernahme des Welpen noch nicht erkennbar.* Es hängt dann von der ererbten Grundanlage ab, inwieweit sich diese Mängel in der praktischen Haltung auswirken, insbesondere ob das Tier zum Ausweichen und zur Zurückhaltung neigt oder ob es aggressiv reagiert.

2.5 Welcher Welpe soll es sein?

Haben wir uns für einen Züchter entschieden, stellt sich nun oft die Frage, welchen der sechs oder acht Welpen man am besten auswählt. Ob wir uns dabei auf den Rat des Züchters verlassen möchten, hängt von unserem Vertrauen zu dieser Person ab, die ja eigentlich Fachmann sein sollte, es aber nicht immer ist. Doch sollten wir auf alle Fälle das Gespräch mit dem Züchter führen und seine Meinung anhören. Grundsätzlich tun wir aber gut daran, auch auf eigene Beobachtungen abzustellen. In ihrem Verhalten unterscheiden sich ja die Welpen bei näherem Zusehen erheblich. Da gibt es den ausgesprochenen Frechdachs, der immer die

Es lohnt sich, die aufwachsenden Welpen mehrmals zu besuchen.

Nase zuvorderst hat, sei es beim Fressen, sei es beim Spiel oder wenn Besucher an den Zwinger treten. Er steht meist in Konkurrenz mit einem oder zwei Geschwisterwelpen, die dasselbe Verhalten erkennen lassen. Auch sie sind besonders aktiv und versuchen die anderen zu dominieren. Sind das nun jene Exemplare, die für uns am ehesten in Frage kommen?
Möchten wir ein temperamentvolles Tier, das uns herausfordert und zu konsequenter Behandlung zwingt – wobei wir uns über das Vorgehen mit unseren Familienangehörigen besonders gut absprechen müssen –, dann ist die Frage zu bejahen. Möchten wir dagegen im Hund später einfach einen Begleiter haben, der fügsam ist und von dem wir nicht verlangen, daß er begegnende Hunde zu dominieren versucht, schauen wir uns eher nach jener Gruppe von Welpen um, die sich im Wurf ruhiger verhalten und hier nicht ständig die frechsten sind. Zeigen diese Welpen deutlich, daß es ihnen durchaus wohl ist im Rudel, und neigen auch sie zum Spielen, werden wir mit großer Wahrscheinlichkeit angenehme Hausgenossen an ihnen haben. Was wir ganz bestimmt nicht wählen sollten, sind jene Welpen, die oft ängstlich erscheinen, oder jene, die sich im Wurf vorwiegend abseits von den Geschwistern halten. Denn hier zeichnet sich fast immer ein Mangel an Kontaktfreude und Sicherheit ab, der mit dem Erwachsenwerden nicht überwunden wird, sondern dann in der Regel noch deutlicher zum Ausdruck gelangt. Ein solcher Hund kann uns echte Sorgen bereiten, denn Ängstlichkeit kann zu unkontrollierter Aggression führen, aber auch zu anderen unangenehmen Verhaltensweisen wie etwa dem Kläffen.
Dies sind im großen und ganzen die Überlegungen, die wir uns machen sollten, falls wir überhaupt die Wahl haben. Es ist auch möglich, daß uns ein erfahrener Züchter ins Gespräch zieht, um sich über unsere Eignung als Hundehalter zu informieren, und uns dann einen bestimmten Welpen zuteilt. Spüren wir dabei, daß hier der Fachmann ernsthaft bemüht ist, den richtigen Welpen an den für ihn geeigneten Besitzer abzugeben, dürfen wir seinen Argumenten vertrauen.
Nun gibt es Fälle, wo wir eher zurückhaltend sein sollten. So ist stets mit einem erhöhten Risiko zu rechnen, wenn uns ein junger Hund von fünf Monaten oder mehr angeboten wird, der neben erwachsenen Tieren gehalten worden ist. Erhebliche Einbußen an Wesenssicherheit sind dann zu erwarten, und damit sind Schwie-

rigkeiten bei der späteren Haltung schon vorprogrammiert. Auch empfiehlt es sich, dort keinen Welpen zu kaufen, wo den Tieren im Zwinger nur eine einzige gleichförmige Bodenstruktur zur Verfügung steht, beispielsweise ein Hartbelag. Großzuchten bevorzugen solche Einheitsböden, weil sie pflegeleicht sind. Aber mit solchen Hunden ergeben sich Probleme mit der Stubenreinheit. Weit weniger wichtig als meist angenommen ist die Frage, ob ein männliches oder ein weibliches Tier in Frage kommt. Denn die Erfahrung zeigt, daß hier die Vorteile und Nachteile sich die Waage halten. Von geringer Bedeutung für den künftigen Besitzer ist der Stammbaum, auch Ahnentafel genannt, das Papier mit den vielen schönen Namen und Angaben über höchste Auszeichnungen. Um daraus wirklich Argumente für oder gegen den Kauf abzuleiten, benötigt man Kenntnisse, die oft nicht einmal der Züchter hat. Freilich sollte das Dokument echt sein, das heißt von einem Rasseklub ausgestellt, welcher der Fédération Cynologique Internationale FCI oder einem der wenigen anderen Rassezuchtverbände angehört, die seriös arbeiten. Es gibt auch Stammbäume, die völlig wertlos sind, weil keine Organisation dahinter steht, die sich konkret um ein fachgerechtes Zuchtgeschehen bemüht.
Es sei hier nicht verschwiegen, daß der Kauf eines Hundes unter allen Umständen auch Glückssache bleibt, denn es können sich später beim Hund Veränderungen ergeben, die nicht voraussehbar sind.

2.6 Wie alt soll der Welpe bei der Übernahme sein?

Es ist nicht gleichgültig, in welchem Alter ein Welpe vom Züchter übernommen wird. Die Erforschung der Entwicklungsphasen des Hundes von der Geburt bis zu einem Alter von etwa zwölf Wochen hat mit aller Deutlichkeit gezeigt, wie bedeutsam diese frühe und kurze Lebens-Spanne für das spätere Verhalten des erwachsenen Tieres ist. Denn es handelt sich um eine Zeit – vergleichbar einer Prägungsphase –, da die Welpen unglaublich aufnahmefähig sind. Was sie jetzt erleben, bleibt ihnen immer vertraut, was sie jetzt nicht erfahren können, wird sie ihr Leben lang belasten und womöglich frustrieren.
Bei uns ist es üblich, den Welpen mit acht, zehn oder zwölf Wochen zu übernehmen. Jede dieser Altersstufen ist vertretbar, bringt aber doch einige Vor- und Nachteile mit sich.

Übernahme mit acht Wochen
Der achtwöchige Welpe hat noch wenig Gelegenheit gehabt, sich mit seinen Geschwistern auseinanderzusetzen, steht er doch zu dieser Zeit erst am Anfang der sogenannten Sozialisierungsphase. Aber er fühlt sich mit dem Muttertier noch sehr stark verbunden. Nehmen wir ihn jetzt zu uns, sollten wir ihm weiterhin Kontakte zu möglichst vielen andern jungen Hunden bieten und ihn bei solchen Begegnungen ganz sich selbst überlassen. Dann lernt er aus eigener Erfahrung, wie er sich gegenüber Artgenossen zu benehmen hat, um von ihnen akzeptiert zu werden. Vorteilhaft ist es, wenn sich ein von der Mutter noch so abhängiges Tier sehr rasch und nachhaltig dem Besitzer und seiner Familie anschließt. Es empfiehlt sich, dort den Welpen in diesem Alter zu übernehmen, wo der Züchter wenig Zeit aufwendet, um sich mit dem Wurf zu beschäftigen, und wo zudem der Zwinger in einer Umgebung liegt, die den Welpen nur spärlich Abwechslung bietet.

Übernahme mit zehn Wochen
Nun ist der Welpe schon besser geübt im sozialen Verhalten gegenüber seinen Geschwistern und damit auch gegenüber andern Artgenossen, hatte er doch Gelegenheit, sich nach Lust und Laune herumzubalgen. Dabei lernte er, wie man sich als Hundekind benehmen muß, um aus diesen oft rauhen Auseinandersetzungen im Wurf, ohne Schaden zu nehmen, hervorzugehen. Anders ausgedrückt: Er ist im Umgang mit seinesgleichen sicher geworden.
Das ist entscheidend für den Verlauf späterer Begegnungen mit fremden Hunden. Ein weiterer Vorteil besteht darin, daß die Entwurmung und die Grundimpfung noch beim Züchter erfolgen konnten. Auch ist ein solcher Welpe immer noch sehr leicht zu beeinflussen und wird schnell anhänglich gegenüber der Besitzerfamilie. Alles in allem ist somit das Alter von zehn Lebenswochen ein günstiger Zeitpunkt zur Übernahme.

Übernahme mit zwölf Wochen
Mit zwölf Wochen erhält man in der Regel einen Hund, der ganz vorzüglich sozialisiert mit Artgenossen ist und in dieser Beziehung später keine Probleme aufgeben dürfte. Aber einzelne Tiere haben in diesem Alter schon eine ausgeprägte Selbständigkeit erreicht, da ja die Abwendung von der Mutterhündin meist schon erfolgt ist. Man muß somit einen solchen Junghund von Anfang an be-

sonders konsequent behandeln und klar im Familienbereich einordnen. Denn der kleine Hund schließt sich nun nicht ohne weiteres von selbst dem Besitzer an, weil er noch viel Wärme und Zuwendung benötigt, sondern er fügt sich dort ein, wo ihm deutlich gemacht wird, was er tun darf und was nicht. Das heißt, er bedarf schon der Führung. Das bedeutet natürlich nicht, daß man grob mit ihm zu sein hat, doch sollten ihm nun neben allen Freiheiten, die ihm zu gewähren sind, auch Tabus gesetzt werden. Gerade dies verleiht ihm dann jene Sicherheit, die ihn zu einem fröhlichen und angenehmen Hund werden lassen.

Ungünstige Übernahmealter

Einen Welpen früher als mit acht Wochen zu übernehmen ist nicht ratsam, weil solche Tiere noch zu wenig Gewöhnung im Umgang mit den Geschwistern erlangen konnten. Damit sind für spätere Lebensphasen Schwierigkeiten im Verkehr mit anderen Hunden vorprogrammiert. Sie zeigen sich darin, daß Neigung zu Raufereien besteht oder daß solche Hunde infolge ihrer Unsicherheit ständig von anderen Hunden angegangen werden. Übernimmt man einen Welpen später als mit sechzehn Wochen, können sich je nach Haltungsweise im Zwinger erhebliche Wesensmängel herausbilden, welche die Haltung erschweren. Das ist besonders dann der Fall, wenn die jungen Hunde neben älteren Tieren gehalten werden, die sie dann häufig drangsalieren.

2.7 Übernahme und Transport

Selbst wenn wir den Zwinger und «unseren» Welpen während der Aufzucht mehrmals besuchen, ist der Tag der Übernahme doch überraschend schnell da. Er sollte uns nicht unvorbereitet finden. Denn es gilt bei der Hundeerziehung allgemein der Grundsatz, daß man die Chancen eines Neuanfanges nutzen sollte, weil der Welpe wie der Junghund, aber später auch das erwachsene Tier, auf jedes erstmalige Geschehen besonders aufmerksam und aufnahmefähig reagieren. Was jetzt richtig, das heißt fachgerecht und damit der Erziehung dienlich vorgenommen wird, setzt sich gerade beim Welpen ebenso rasch und nachhaltig fest, wie dies unsere Fehlmanipulationen ebenfalls tun würden. Der nächste Vorgang, der nun ganz in unserer alleinigen Verantwortung liegt, ist das Nachhausebringen des Welpen. Doch zuvor gibt es noch einiges zu tun. Vor allem sollten wir den Welpen nochmals auf seinen Gesundheitszustand überprüfen. Dies tun wir gemeinsam mit dem Züchter, dem wir zwar unser Vertrauen schenken, dem aber gleichfalls etwas entgehen könnte, das später auf Distanz mehr zu reden geben könnte als im Moment der Übernahme. Wir schauen uns also den Welpen genau an. Ist er munter wie üblich? Sind seine Augen klar oder gerötet, und weisen sie einen Ausfluß auf? Kratzt sich das Tier übermäßig? Ist das Fell in Ordnung, sind keine Schürf- oder Schorfstellen sichtbar? Pinkelt der Kleine allzuoft? Ist sein Exkrement normal, oder läßt es Anzeichen von Wurmbefall (verschmutzte Afterregion, Afterrutschen und Afterlecken) erkennen? Längerdauernder Wurmbefall sowie schleichende Infektionszustände im Welpenalter können nämlich bleibende Folgen und die Herabsetzung der Lebensdauer zur Folge haben. Sind beim Rüden beide Hoden fühlbar? Gerade der letzte Punkt kann leicht übersehen werden, weil das Aufsteigen des einen oder beider Hoden fast von einer auf die andere Stunde erfolgen kann. Falls sich dies nicht wieder von selbst korrigiert, bedeutet es eine teilweise Entwertung des Rüden. Man müßte demnach bei der Übernahme einen entsprechenden Vorbehalt einbringen, wozu der gute Züchter ohne weiteres bereit ist.

Und damit sind wir bei der rechtlichen Seite der Übernahme angelangt. Ist der Welpe für gut befunden, bezahlt und abgeholt worden, besteht nur bedingt Gewähr für später erkennbare Mängel. Man ist dann ganz auf den guten Willen des Züchters angewiesen. Wir können ihm kaum beweisen, daß er selbst den zu beanstandenden Mangel zur Zeit der Übernahme festzustellen in der Lage gewesen wäre. In solchen Fällen erweist es sich dann, ob der Züchter dem in ihn gesetzten Vertrauen gerecht wird. Der gute Züchter wird unsere Erwartungen immer erfüllen, ein Händler oder ein Versandgeschäft in der Regel nicht. Oder höchstens in dem Sinne, daß ein Ersatzwelpe angeboten wird. Und darauf geht man normalerweise nicht ein, weil für den Käufer der Hund eben mehr als eine Ware ist.

Man sieht, es lohnt sich, bei der Übernahme die Augen offen zu halten. Der verantwortungsbewußte Züchter wird uns dies keineswegs übelnehmen, im Gegenteil, er selbst wird uns dazu auffordern. Ob man einen Vertrag über den Kauf abschließt oder sich mit der Quittung über den bezahlten Betrag begnügt, ändert an dem zuvor Gesagten wenig. Es sei denn, der Züchter behalte sich eine spätere Verwendung des abgegebenen Tieres für Zuchtzwecke vor. Solche Vorbehalte sollte man wirklich nur von Züchtern akzeptieren, denen wir unser ganzes Vertrauen schenken. Denn daraus können höchst unangenehme Situationen entstehen. Wir haben dann einen Hund, über den wir nicht mehr allein verfügen können. Andererseits kann gerade auf diese Weise ein freundschaftliches Verhältnis zum Züchter entstehen, das für beide Seiten ersprießlich ist. Es ist durchaus möglich, daß uns der Züchter den Stammbaum, das auch Ahnentafel genannte Abstammungspapier noch nicht mitliefern kann, weil es ihm vom Zuchtbuch-Sekretariat noch nicht zugestellt worden ist. Aber anhand des Stammbaums der Hündin und der Wurfmeldung ist feststellbar, ob unser Welpe überhaupt Anspruch auf ein solches Dokument hat. Für uns persönlich liegt dessen Wert allein darin, daß wir dann ein anerkanntes Rassetier besitzen, mit dem wir an den offiziellen Ausstellungen teilnehmen und uneingeschränkt hundesportliche Prüfungen machen können. Dies gilt jedoch nur für Tiere aus den der FCI angeschlossenen Zuchtstätten. Daneben bestehen einige wenige wirklich seriöse Rassezucht-Organisationen, deren Dokumente aber nur in ihrem Bereich Gültigkeit haben. Für den Besitzer, der weder ausstellen noch Hundesport treiben will, spielt dies freilich keine Rolle. Unseriöse Züchter geben jedoch zuweilen schöngedruckte Stammbaumformulare ab, die völlig wertlos sind, weil keine Kontrollfunktionen ausübende Institution dahinter steht.

Irgendwann wird uns der Züchter noch das Impfdokument überreichen, wo angeführt ist, welche Schutzimpfungen bereits gemacht wurden. Dazu wird er uns erklären, was zu welcher Zeit noch nachzuholen ist. Oft gibt er uns auch etwas Futter mit und eine Anleitung, wie der Junghund weiterhin zu ernähren ist. Von Vorteil ist es überdies, wenn wir einen Gegenstand – beispielsweise einen Stoffetzen – mitnehmen, der nach dem Wurfzwinger riecht. Damit können wir den kleinen Hund bei der Heimfahrt und am neuen Platz unter Umständen beruhigen. Gute Züchter pflegen außerdem die Welpen vor der Abgabe an Halsband und Leine zu gewöhnen. Sie geben dann dem Käufer das noch sehr kleine Halsband mit, das man später zurücksenden kann.

Mit dem Einsteigen in unseren Wagen ist dann der Moment gekommen, wo es nun ganz von uns abhängt, wie sich der Welpe weiterhin entwickelt. Die Fahrt nachhause bietet uns schon Gelegenheit, grobe Fehler zu machen oder aber sorgfältig und fachgerecht zu handeln.

Die Fahrt nach Hause

Bringen wir den Welpen im Wagen nachhause, sollten wir ihn von einer Begleitperson in Händen halten und betreuen lassen. Lassen wir ihn auf dem Rücksitz oder hinten im Kombifahrzeug allein, ist die Gefahr, daß er erbricht, sehr groß. Und wenn ein Hund in diesem Alter auf seiner ersten Autofahrt erbrochen hat, wird er dies

Auf der Fahrt vom Züchter zum Besitzer darf man den Welpen nicht allein lassen.

später immer wieder tun. Deshalb sollten wir die Fahrt auch nach wenigen Minuten an geeigneter Stelle unterbrechen und den Welpen etwa fünf Minuten an der Leine bewegen. Sobald die Begleitperson auf der Weiterfahrt merkt, daß sich der Hund unwohl fühlt, so daß er gähnt und Speichel absondert, ist ebenso vorzugehen. Auch sollten wir auf kurvenreicher Straße etwas langsamer fahren als sonst, da manche Hunde auf Schlingern rasch und stark reagieren, wenn ihnen der Vorgang noch ungewohnt ist.

Spätere Transporte
Darüber wird in Kap. VIII, Seite 111 berichtet.

3. Was bei der Anschaffung eines schon älteren Hundes zu beachten ist

Um es gleich vorwegzunehmen: In bezug auf die Stubenreinheit gehen wir am besten gleich vor wie bei der Übernahme eines Welpen. Demnach wird man dem Hund von Anfang an eine geeignete Stelle zuweisen, die ihm in Kürze zum «Örtchen» wird. Was jedoch die Auswahl eines heranwachsenden oder adulten Hundes betrifft, seien hier einige Hinweise gegeben: Bei der Übernahme wissen wir nicht, ob sich der Hund in der Folge etwa so verhalten wird, wie es im Augenblick den Anschein macht. Es wäre denn, wir erhalten ihn aus der Hand von Bekannten, wo wir ihn schon zuvor beobachten konnten. Jedenfalls lohnt es sich, mit dem in Frage stehenden Tier zuerst einen längeren Spaziergang außerhalb seines bisherigen Aufenthaltsbereichs zu machen, an der Leine versteht sich. Wirkt er hierbei zunehmend scheuer, ist von einem Kauf abzuraten. Bleibt er jedoch munter, neugierig und zutraulich, ist die Ausgangslage bedeutend günstiger. Was wir aber wirklich mit dem erwachsenen Tier angeschafft haben, werden wir erst in vier bis sechs Monaten wissen. In dieser Zeit wird der Hund in der neuen Umgebung zunehmend sicherer, und nun läßt er oft Untugenden erkennen, die er bislang nicht zeigte. Dafür ist aber unser Verhältnis zu ihm schon vertrauter geworden, und wenn wir sofort erziehend einwirken, haben wir eine gute Chance, ihm die früher erworbene Untugend abzugewöhnen. Wir sollten also den übernommenen erwachsenen Hund genauso beobachten wie einen Welpen.

Das tägliche Wägen bringt den Welpen regelmäßig mit dem Menschen in hautnahen Kontakt.

Der gute Züchter schätzt es, wenn man den Zwinger während dem Aufwachsen der Welpen mehrmals besucht.

Von der Sorgfalt der Züchterin hängen auch die Entwicklung und das spätere Verhalten dieses Bernhardiner-Welpen ab.

Diese Züchterin führt ihren Wurf von Appenzeller Sennenhunden in fremder Umgebung spazieren. Solche Erlebnisse prägen den Welpen und fördern seine Anpassungsfähigkeit.

Eine ideale Lagerstätte im Zentrum des häuslichen Geschehens fand sich für diesen Rottweiler.

Einmal an Sessel und Sofa gewöhnt, läßt sich auch ein Pudel nicht mehr leicht von diesen Möbeln verdrängen.

Jede halbe Stunde trägt diese Besitzerin den neu angekommenen Boxer-Welpen an eine bestimmte Stelle im Garten, wo er sich entleeren kann. So wird der Hund in wenigen Tagen stubenrein.

Bei sehr jungen Tieren ist das Zusammensein von Hund und Katze meist kein Problem.

Bei Hunden, die weggegeben werden – auch bei herrenlosen Hunden, die der Tierschutz übernommen hat –, handelt es sich nicht nur um Mischlinge, sondern auch um viele Rassetiere. Werden wir in den Tierheimen in der Regel gut beraten, sieht dies beim Hundehändler anders aus, selbst dann, wenn er behauptet, Züchter zu sein.

Der Kauf beim Händler

Die erste Begegnung mit jenem Hund, den man unter Umständen kaufen möchte, läßt uns meistens alle guten Vorsätze vergessen. Wir stehen dem Tier gegenüber, sehen in seine erwartungsvoll blickenden Augen und erliegen in Sekundenschnelle seinem Charme. Versierte Verkäufer nützen diesen Moment aus, indem sie brutal behaupten, daß dieser Hund abgetan werden müsse, falls Sie ihn nicht kaufen sollten. «Sie sind unsere letzte Hoffnung», pflegen solche Händlertypen feuchten Auges, aber innerlich völlig kalt berechnend zu sagen. Wer möchte schuld sein am Tod eines so netten Hundes? Das Mitleid packt uns. Auch das merkt der Verkäufer, und er steigert daraufhin nach Möglichkeit den Preis. Es ist kaum zu glauben, was für einen Hund unter solchen Umständen bezahlt wird, nicht selten mehr, als man für ein qualifiziert aufgezogenes Rassetier aufzuwenden hätte. Damit ist nichts gegen den Mischlingshund gesagt. Er ist zwar entgegen vielfacher Behauptungen weder gesünder noch intelligenter als ein Rassetier. Doch man kann mit ihm die Faszination der Mensch-Hund-Beziehung genauso tief erleben.

Kapitel III
Einfügen des Welpen im Heimbereich

1. Die Stubenreinheit des Welpen

Wo einem Welpen schon in den ersten Lebenswochen beim Züchter nicht nur eine, sondern verschiedene Bodenstrukturen zur Verfügung standen, hat er auch jeweils die weichste vorhandene Unterlage zum Versäubern benutzt. Es ist dann leicht, ihn am neuen Platz beim Besitzer stubenrein zu machen, sofern man es richtig anstellt. Schon bevor man den Welpen nachhause holt, sollte man sich klar sein, welche Stelle im Garten oder sonstwo man dem Ankömmling fürs kleine und große Geschäft zuweisen will. Dorthin bringt man ihn bei der Ankunft, bevor man ihn ins Haus nimmt, und wartet geduldig, bis er sein Wasser läßt. In diesem Augenblick beginnt man ihn sanft-einschmeichelnd zu loben, bis er sein Geschäft erledigt hat. Jetzt erst bringen wir den Kleinen in die Wohnung. Das ist nun so neu für ihn, daß er alles abzuschnüffeln beginnt, und das regt ihn erneut zum Urinieren an. Um dem zuvorzukommen, hebt man ihn spätestens nach einer halben Stunde auf und trägt ihn an die gewählte Versäuberungsstelle. Wiederum wartet man geduldig und wortlos, bis er uriniert, und fängt ihn dann wie zuvor zu loben an. Wir sagten geduldig und wortlos und meinten damit, daß man unter keinen Umständen den Hund im Befehlston zum Versäubern auffordern sollte, da ihn dies nur verunsichern und vom Sichentleeren abhalten würde. Warten wir aber ganz einfach ab, wirkt dann unser Lob während der Aktion ermunternd. Es verknüpft sich zudem im Gedächtnis des Hundes mit der Handlung, und bald, nämlich in einigen Wochen, wird man den Junghund überall mit den einschmeichelnden Worten wie etwa «brav Brunni machen» zum Urinieren veranlassen können. Das heißt: Unsere Lobesworte sind zu Ermunterungslauten geworden, bei deren Ertönen der Hund unweigerlich in jene Stimmung gerät, die ihn sich entleeren läßt. *Der hier für das Versäubern so detailliert beschriebene Vorgang gilt im Grunde für alles, was der Hund später auf unsere Ermunterung hin zu tun hat. Stets muß zuerst die Verknüpfung der erwünschten Handlung mit einem bestimmten Hörzeichen erfolgen.*

Um das Erreichen der Stubenreinheit zu fördern, empfiehlt es sich, den Welpen schon am ersten Abend jede halbe Stunde an die Versäuberungsstelle zu tragen, dort abzusetzen und wie oben beschrieben zu verfahren. Am besten stellen wir dazu den Küchenwecker auf dreißig Minuten ein, denn gerade beim Anblick des herzigen Kleinen vergessen wir allzuleicht die Zeit, und plötzlich ist der Teppich benetzt. Der damit verbundene Duft ist für die Hundenase kaum mehr wegzubringen, und er regt das Tier natürlich immer wieder zur unerwünschten Handlung an. So spät wie möglich wird man am ersten Abend mit Vorteil den Hund zum letztenmal, so früh wie möglich am folgenden Morgen zum erstenmal auf sein Örtchen bringen. Der Aufwand lohnt sich. Nach unseren Erfahrungen ist der Welpe so in zwei bis vier Tagen zur Stubenreinheit zu bringen, sofern er schon beim Züchter wie oben erwähnt die Wahl verschiedener Bodenstrukturen hatte.

In den ersten Tagen freilich kann es doch passieren, daß Urin oder ein Kegel in der Wohnung abgesetzt wird. Es kann aber auch ganz unerwartet viel später geschehen, nachdem der Hund schon länger stubenrein war. Jetzt ihn zu schelten oder gar zu strafen, wie dies immer noch in Hundebüchern empfohlen wird, wäre grundfalsch. Ein Hund kann so etwas nicht verstehen, wird dadurch nur verunsichert, und damit kann sich das Übel, das man ihm abgewöhnen wollte, gerade festsetzen. Besser ignorieren wir, was der Hund falsch gemacht hat, heben ihn hoch und tragen ihn zu seinem gewohnten Örtchen, als wäre nichts geschehen. Der Erfolg wird uns recht geben. Natürlich reinigen wir die beschmutzte Stelle möglichst gründlich, bevor wir den Hund wieder hereinlassen. Man sieht, die Stubenreinheit ist sozusagen eine Funktion aus der Haltungsweise des Welpen beim Züchter und aus dem geschickten Verhalten des Besitzers gegenüber dem erworbenen Junghund. Das gilt jedoch für fast alles, was wir vom Junghund verlangen müssen, um einen angenehmen Hausgenossen aus ihm zu machen. Wurde der Welpe vom Züchter fachgerecht betreut, fällt dem Besitzer die Gewöhnung des Junghundes an erwünschtes Verhalten in jeder Beziehung leichter.

Wie der Welpe, den man vom Züchter abgeholt hat, von allem Anfang an zur Stubenreinheit zu bringen ist, haben wir nun eingehend besprochen. Da dies jedoch eine sehr wichtige Stufe darstellt, fassen wir hier das Wesentliche nochmals kurz zusammen.

1. Es ist schon zuvor ein geeigneter Platz im Garten oder in Hausnähe auszusuchen, wo der Hund sich versäubern kann.
2. Auf diesen Platz soll er in den ersten paar Tagen ganz regelmäßig jede halbe Stunde getragen werden.
3. Auf dem Platz drängt man den Welpen nicht zum Versäubern, sondern nimmt sich alle Zeit, bis er dies von selbst tut.
4. Sobald er Wasser läßt oder Kot absetzt, ertönt unser einschmeichelndes Lob, das leise gegeben werden muß, damit es den Hund nicht ablenkt.
5. Hat er sein kleines oder großes Geschäft erledigt, läßt man ihn noch etwas herumschnüffeln, spielt kurz mit ihm und geht mit ihm ins Haus zurück.
6. Passiert es in den ersten Tagen, daß der Welpe trotz unserer Umsicht im Haus Urin oder Kot absetzt, ist er nicht auszuschimpfen oder gar zu strafen, sondern man trägt ihn dennoch zum Versäuberungsplatz, als wäre nichts geschehen.
7. Sobald sich eine gewisse Sicherheit in der Stubenreinheit abzeichnet, können wir länger warten als eine halbe Stunde, doch sollte trotzdem eine gewisse Regelmäßigkeit innegehalten werden.
8. Sollte sich später einmal der Junghund im Hause versäubern, sollten wir ebenso vorgehen wie unter Punkt 6 beschrieben. Würden wir jetzt strafen oder auch nur schelten, könnte sich dieses unerwünschte Verhalten festsetzen.
9. Beginnt ein Junghund, der schon sehr sicher stubenrein war, sich plötzlich auffallend oft im Hause zu versäubern, sollte man den Tierarzt aufsuchen um festzustellen, ob er krankheitshalber rückfällig geworden ist.

2. Der Welpe kommt erstmals ins Haus

Hier ist nun alles neu für den Kleinen, und das nimmt er zuerst und vorwiegend mit seiner Nase auf. Das heißt, er beginnt sich schnüffelnd zu orientieren. Dazu sollte man ihm die nötige Zeit lassen. Eine Kinderschar, die nun unbedingt mit dem herzigen Neuling spielen will und ihn von allen Seiten bestürmt, ist für ihn zuviel. Man erklärt am besten jetzt den Kindern, daß das junge Tier Ruhe braucht und ohnehin schon von so vielen neuen Eindrücken fast zu sehr bedrängt wird. Spielen sollte man dann, wenn

uns der Hund selbst dazu auffordert, was jeder gesunde Welpe regelmäßig tun wird. Dazwischen benötigt er aber eine Menge Schlaf. Man tut gut daran, die Kinder aufzufordern, zu beobachten, was der Kleine tut, und mit uns darüber zu sprechen. Schon jetzt sollte man auch bedenken, daß dieser kleine Kerl in einigen Monaten ein großer Hund sein wird und daß es dann sehr schwer für uns wie für ihn sein wird, Dinge, die man ihn jetzt tun läßt, wieder abzugewöhnen beziehungsweise zu unterlassen. Also ist es von Vorteil, wenn wir ihn von allem Anfang an jene Räume nicht betreten lassen, die er auch später nicht betreten darf. Auch auf Möbel wie Sofas und Sessel, worauf man ihn in der Zukunft nicht haben möchte, sollte man ihn nicht setzen.
Nicht vergessen darf man, daß der kleine Hund bei all der Aufregung bald Wasser braucht. Ein kleiner Behälter sollte deshalb bereitstehen, und zwar an einer Stelle, die er immer erreichen kann. Die Futterschüssel dagegen ist separat zu halten, so daß der Welpe nur bei den Mahlzeiten Zugang hat. Stellt man sie beispielsweise in die Küche – dies natürlich nur, wenn eine Tür vorhanden ist – sollte der Hund anfangs aufgehoben und zu seinem Teller getragen werden. Damit bleibt für ihn das Betreten ein Tabu, und er wird später keine Schwierigkeiten machen, wenn man von ihm verlangt, vor der Schwelle zu warten, bis sein Napf gefüllt ist. Praktische Fütterungsstellen sind auch Küchenbalkone, sofern sie vor Regen geschützt sind.

3. Wo soll der Hund sein Lager haben?

Hat man schon zuvor einen Hund gehabt, weiß man aus Erfahrung, wo er gern schlief. Und sein Korb, der auch dann für eine Hundenase noch nach Hund riecht, wenn man die Einlage gereinigt hat, bietet uns den Vorteil, daß nun der neue, kleine Hund sogleich auf diesen Geruch anspricht und gerne in diesem Korb verweilt. Hatte man zuvor noch keinen Hund, muß man ausprobieren, an welcher Stelle der Wohnung er sich wohlfühlen wird. Grundsätzlich schlafen Hunde gern in zentraler Lage, so beispielsweise im Flur, wo alle Türen münden, auch jene, die hinausführt und die ihn deshalb in hohem Maße interessiert. Es kann aber auch sein, daß unser Junghund sein Lager stets verläßt und lieber an harter Stelle anderswo verweilt. Da wir selbst viel weniger gut

hören, vor allem auch gewisse Töne, die unser Hund vernimmt, überhaupt nicht wahrnehmen, weil sie sich außerhalb der für uns erfaßbaren Frequenzbereiche befinden, ist es durchaus möglich, daß ihn ein Geräusch stört, eine Wasserleitung vielleicht. Es kann aber auch sein, daß Zugluft ihn von seinem Lager vertreibt, die wir selbst gar nicht bemerken, weil wir uns ja in einem viel höheren Bereich bewegen als der Hund. Daran denkt man auch auf der Straße viel zu wenig, wo der Kopf und damit die Atmungswege des Hundes oft von unangenehmen Gerüchen und Gasen erreicht werden, die wir gar nicht bemerken.
Das Lager selbst sollte immer mit einer nicht allzuweichen Einlage, einer Matratze oder einer zusammengefalteten Decke ausgelegt sein und nicht zu hohe Umrandung aufweisen. Natürlich wird es für den Welpen noch zu groß sein, aber das schadet nichts. Damit der Hund gern aufs Lager geht, kann man ihm dort einen Lekkerbissen hinlegen, wenn man ihn auch dort haben möchte. Begibt er sich dann hinein, um diesen Bissen zu fressen, begleiten wir ihn mit einem Hörzeichen wie «schön Platz machen» oder ähnlich. Bald wird er auf dieses Zeichen in den Korb klettern, und wir können ihn dann mit dem erwarteten Leckerbissen dort loben. Solche kleine Vorgänge, die wenig Zeit kosten, können – wenn mit der notwendigen Konsequenz durchgeführt – eine unerhört wirksame Vorbereitung für das sein, was wir später den Gehorsam nennen. Der Welpe gewöhnt sich dadurch sehr früh und nachhaltig daran, auf das, was wir sagen, zu achten und das, was von ihm damit verlangt wird, auch zu tun. Alle Erziehungsschritte werden dann viel leichter erreicht.

4. Die erste Nacht

Wir haben eben von Konsequenzen gesprochen. Manche Leute sind ganz versessen darauf, konsequent mit dem Junghund zu sein, doch oft sind sie dies am falschen Orte. Wer meint, man müsse den Welpen schon in der ersten Nacht sich selbst auf seinem Lager überlassen, auch wenn er unruhig wird und zu winseln oder jaulen beginnt, hat eine falsche Vorstellung davon, was Konsequenz in der Hundeerziehung bedeutet. Vor allem wir sollten konsequent sein, indem wir dem Hund das, was wir von ihm wünschen, stets in der genau gleichen Form verständlich zu machen

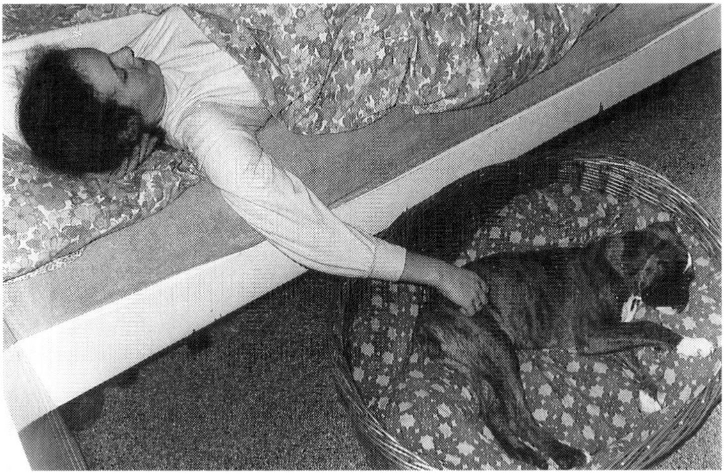

Warum nicht den Welpen in den ersten Nächten in Kontakt behalten? Er ist dann ruhig, und zudem fördert dies den Aufbau unserer Beziehung.

versuchen. Ihn jedoch in der ersten Nacht ohne Kontaktmöglichkeit zu belassen, ist ganz einfach eine brutale Dummheit. Bis zum heutigen Tage war das kleine Tierchen doch von seinen Geschwistern umgeben, hatte immer Kontakt zu ihnen gehabt, wenn es dessen bedurfte, meist auch im Schlaf, wo das bekannte Kontaktliegen ihm wohlige Wärme und Geborgenheit vermittelte. Und nun befindet er sich auf einmal in einer völlig neuen Umgebung und wird allein gelassen. Was Wunder, wenn er das nicht aushält. Eine bewährte Technik, um den Hund ohne Schwierigkeiten und in kurzer Zeit daran zu gewöhnen, allein in seinem Korb zu schlafen und sich dort auch wohl zu fühlen, besteht gerade darin, daß man ihm erlaubt, die ersten Nächte in unserer Nähe zu verbringen. Man stellt dazu seinen Korb neben das eigene Bett und läßt die Tür zum Flur, wo er später schlafen wird, angelehnt. Beginnt er unruhig zu werden, können wir ihn für eine Weile mit der Hand berühren. Nach einigen Tagen stellen wir den Korb – immer noch im Schlafzimmer – etwas weiter vom Bett weg, und bald belassen wir ihn im Flur, ohne jedoch die Türe zu schließen. Jetzt wird der Hund vermutlich sich neben unserem Bett hinlegen, wenn wir schlafen gehen. Doch dort wird er nicht sehr lange bleiben, sofern die Bettvorlage nicht weicher als seine Korbeinlage ist. Er wird also nach einer Weile in sein Lager wechseln. Nach wenigen weiteren Tagen können wir dann auch die Türe ganz schließen, und der Hund wird fortan ruhig und gern die Nacht dort verbringen, wo er schließlich hingehört.

5. Grundsätzliches zum Verhalten der Besitzer

Mit Befehlen und Schimpfen läßt sich kein Hund erziehen, weder ein ganz junger noch ein älterer. Wir müssen dazu anders vorgehen. Es lohnt sich, wenn man sich über die Frage «Wie sag ich's meinem Hund?» einige Gedanken macht, bevor man ihn aus Unkenntnis frustriert.

Ein Hund ist von Natur aus völlig anders ausgestattet, als wir es sind. Er sollte nie als «dummes Tier» betrachtet und wie ein in seiner Intelligenz reduziertes Kind behandelt werden. Dumm ist der Hund nämlich keineswegs, er ist nur anders. Wenn er merkt, was wir eigentlich von ihm wollen, dann tut er es auch gern. Denn es ist ihm ein inneres Bedürfnis zu verstehen und verstanden zu werden. Als ehemaliges Rudeltier war er durchaus in der Lage, sich mit seinen Rudelgenossen zu verständigen, was ja zur Ausübung der Rudeljagd unerläßlich und somit eine Frage des Überlebens war. Als domestiziertes Haustier vermag nun der Hund – im Gegensatz zu einem Wildtier – auch uns als Rudelpartner zu betrachten. Finden wir jetzt heraus, was er verstehen kann und was nicht, haben wir das heikle Spiel der Erziehung im Grunde schon gewonnen.

Es ist eine wichtige Grundregel, daß man den Hund nicht überfordert, sondern den Zugang zu seiner Art des Verstehens mit Umsicht sucht. Dies besonders in den ersten Wochen, wo er sich bei uns zurechtfinden muß. Alles ist ihm hier neu, die Gerüche, die Räume, die Menschen. Je regelmäßiger wir jedoch unseren Tagesablauf gestalten und den Hund mit seinen Bedürfnissen darin einfügen, desto schneller gewöhnt er sich an uns und unsere Verhältnisse. Er fühlt sich dann wohl und sicher und bleibt aufnahmebereit für das, was wir ihm zu sagen haben.

Kapitel IV

Erziehen heißt sich verständigen

1. Wie sag ich's meinem Hund?

Oft kann man Hundebesitzern, die mit ihrem Hund gar nicht zurechtkommen, rasch und nachhaltig helfen, wenn man die Mißverständnisse aufklärt, die sich zwischen ihnen und ihrem Vierbeiner ergeben haben. Sie sind zustandegekommen, weil sie mit dem Hund in einer Weise verkehren, die ihm unverständlich bleibt, oder die er in ganz bestimmter Art mißversteht. Typisches Beispiel aus dem Alltag: Rufen wir unseren Hund anhaltend und aufgeregt, wenn er einem Pferd nachrennt, hört er nur unsere Aufregung aus dem Rufen heraus und meint, wir unterstützen ihn in seinem Vorhaben. Wir schieben ihn damit sozusagen hinter dem Reiter her und trainieren ihn geradezu, dem Pferd nachzurennen. Damit setzt sich diese Untugend natürlich je länger desto mehr fest. Rufen wir dagegen nur einmal und entfernen uns eher, anstatt dem Hund nachzugehen oder nachzurennen, dann fehlt ihm unsere Unterstützung, und das Mißverständnis bleibt aus.

Es ist demnach wichtig, daß wir uns eine für den Hund erkennbare und sinnfällige Verkehrsweise angewöhnen. Zudem sollten wir gerade den Junghund nicht mit komplizierten Erziehungsvorgängen sowie mit unserer Ungeduld überfordern. *Wir dürfen ruhig davon ausgehen, daß unser Hund gerne tut, was wir von ihm wünschen, wenn es uns nur gelingt, ihn unmißverständlich merken zu lassen, was wir eigentlich von ihm verlangen.*

2. Vom Welpen zum Junghund

Das Welpenalter erstreckt sich von der Geburt bis etwa zum Alter von vier Monaten. In der Literatur finden sich jedoch darüber unterschiedliche Angaben. Manchmal wird das Ende des Welpenalters mit dem Ende der Saugzeit in Zusammenhang gebracht, und das wären ungefähr acht Wochen. Das scheint uns doch etwas früh zu sein. Aber so wichtig ist es nicht, ab wann wir vom Junghund sprechen wollen, solange wir nicht meinen, mit dem Erreichen dieser Altersstufe bedeutend mehr vom Hund verlangen zu können. Seine Lernfähigkeit ist schon früh ausgebildet und sie ändert sich grundsätzlich nicht mehr. Was noch hinzukommt, sind einige Reifungsprozesse des Verhaltens, vor allem aber die vielen Erfahrungen, die der Junghund macht und auf die er sich lernend einstellt. Es ist noch zu beachten, daß im Alter von etwa sechs bis zehn Monaten, zuweilen auch bis zum zwölften Monat, eine pubertäre Phase einsetzt, wo Hündin und Rüde sich zur Geschlechtsreife entwickeln. In dieser Phase sind die Junghunde zeitweise weniger ansprechbar. Es kann auch zu einem leicht renitenten Verhalten kommen, das etwa mit dem Flegelalter beim Menschen verglichen wird. Wir müssen dann mehr Geduld haben, ohne jedoch von unserem konsequenten Verhalten abzuweichen. Gerade dies fällt manchen Hundehaltern schwer, und es kommt dann zu Problemen, wenn sie ihren Hund überfordern.

Was ist Konsequenz?

Konsequenz hat nichts mit Härte zu tun. Es geht vielmehr darum, daß wir uns bei allen Erziehungsvorgängen dem Tier gegenüber stets gleich verhalten. Tun wir dies, gewöhnt sich der Welpe wie der Junghund bald an diese Vorgänge. Setzen wir beispielsweise den Hund vor jedem Straßenübergang in genau gleicher Weise vor den Trottoirrand, wird er sich nach einiger Zeit ganz von selbst hinsetzen und warten, bis wir ihn zum Weitergehen aufmuntern. Er hat sich an dieses Verhalten in der gegebenen Situation gewöhnt, wird aber früher oder später dennoch versuchen, ohne sich gesetzt zu haben, weiterzugehen. Dieses Abweichen vom erreichten «Gehorsam» dürfen wir dem Hund nicht übelnehmen, denn es liegt in seiner Natur, immer neu Widerstand zu leisten. Sein ihm angeborenes Bedürfnis nach Rangordnung macht ihn in dieser Beziehung expansiv. So versucht er sich hier und dort – oft ganz unerwartet – erneut durchzusetzen. Das beste, was wir in so einem Augenblick tun können, ist ihn völlig gelassen so zu beeinflussen, wie wir dies ganz zu Anfang mit ihm getan haben. Man setzt ihn also in aller Ruhe, aber auch mit aller Bestimmtheit wieder hin, macht eine nicht zu kurze Pause und fordert ihn erst danach auf, mit einem weiterzugehen. Damit fügt sich der Hund wieder ein, und es bleibt dann auch wieder für eine Weile bei dem erwünschten Verhalten. Regen wir uns dagegen auf, schimpfen wir mit ihm oder strafen ihn gar, weil wir meinen, der Hund wisse doch genau, was er zu tun habe, spürt er aus unserem Verhalten nur unsere Unsicherheit heraus. Und damit verstärkt sich sein Widerstreben oft ganz erheblich. Nicht etwa aus Trotz, sondern weil er nun nicht mehr erkennen kann, was wir eigentlich von ihm wollen.

3. Schelten und Strafen kann der Hund nicht verstehen

Aus dem Dargelegten geht hervor, daß die Erziehung des Hundes im Grunde nie zu Ende ist. Man muß tatsächlich immer wieder eingreifen, wenn er vom gelernten Verhalten abweicht. Tut man dies in Form einer ruhigen und bestimmten Korrektur, wie wir es oben beschrieben haben, handelt unser Hund verblüffend rasch wieder in der erwünschten Weise. Das Wort «eingreifen» ist bei der Korrektur wörtlich zu nehmen, denn man geht – nach einem im Moment des Fehlverhaltens ruhig gesprochenen «Nein» – wortlos und handgreiflich vor. Manuell bringt man den Hund zum Beispiel wieder zum Sitzen, richtet sich dann auf, macht eine Pause von ein bis zwei Sekunden und lobt ihn dann kurz, ohne daß er die Sitzstellung verlassen darf. Erst nach einer weiteren Pause geht man weiter.

Versuchen wir ihn dagegen mit einer Schimpftirade zu korrigieren, vermag dies der Hund nicht zu «verstehen», wie er ja überhaupt nicht fähig ist, die Bedeutung von Wortfolgen zu begreifen. Was ihm dagegen gelingt, ist das Verknüpfen von einzelnen Wörtern – wir nennen sie Hörzeichen – mit einer bestimmten Handlung oder einem Ereignis. So wird ihm der Begriff «Spazieren» bald geläufig sein, er wird erregt wedeln und die Nase gegen die aufgehängte Leine halten, weil er es gewohnt ist, daß mit dem Abheben der Leine der Spaziergang beginnt. Natürlich können wir auch ein anderes Wort wie hinausgehen benützen. In gleicher Weise können wir den Hund an alle anderen Hörzeichen und die damit verbundenen Vorgänge gewöhnen. Je exakter und gleichförmiger wir dabei handeln, desto schneller und nachhaltiger setzt sich das Erwünschte im Hund fest. Hierin liegt eben wie schon erklärt der große Vorteil erzieherischer Konsequenz.

4. Der Hund hat keine Hände

Oft fragen uns Besitzer junger Hunde an, ob es normal sei, daß ihr Welpe ständig nach ihren Händen und Handgelenken fasse, was dann auch ab und zu einige Schürfungen absetze. Wir können dann die Frage nur bejahen und tun dies, indem wir darauf hinweisen, daß eben der Hund vieles, was wir mit unseren Händen tun, mit seinem Fang macht. Er trägt alles mit den Zähnen, aber er hat auch für Zärtlichkeiten nur die Schnauze zur Verfügung. Auch als Droh- oder Abwehrmittel dient ihm der Fang. So wie er dann die Zähne bleckt, schnappt oder zubeißt, drohen, schubsen oder schlagen wir mit unseren Händen und Fäusten zu.
Das mehr oder weniger starke Fassen mit dem Fang im Sinne einer Kontaktnahme oder einer Liebkosung macht schon die Hündin mit den Welpen und betreiben die Welpen unter sich während ihrer Sozialisierungsphase sehr intensiv. Spielende erwachsene Tiere pflegen ebenfalls auf diese Weise ihre Zuneigung zu äußern.

5. Die spitzen Welpenzähnchen

Hat der Welpe die Intensität seines Zupackens an den Geschwistern geübt und dabei seine Beißhemmung nach dem jeweiligen Ergebnis beim Partner eingestellt – Stillhalten oder Aufjaulen des Gepackten sind dafür die Signale –, so nimmt er nun vertrauensvoll und liebenswürdig auch die Hände seines Besitzers und dessen Kinder in den Fang. Da nun Menschenhaut weniger widerstandsfähig als ein Hundefell ist, kommt es nicht selten zu leichten Verletzungen, wobei auch ein kleiner Blutstropfen hervorquellen mag. Dies besonders, weil Welpenzähnchen noch sehr scharf sind. Diesem Umstand tragen übrigens erwachsene Hunde Rechnung, wenn sie Welpen angehen oder mit ihnen spielen. Es fällt auf, mit welcher Umsicht sie ihre Nasen und Lefzen dem Bereich des Welpenfanges entziehen und lieber den gut geschützten Nacken hinhalten. Als Mensch könnte man dem Welpen den Ärmel anbieten, falls das betreffende Kleidungsstück robust genug ist. Feinere Gewebe oder gar Strickwolle können Schaden nehmen. Was also läßt sich tun?

6. Die Technik des korrigierenden Einwirkens

Faßt uns ein Welpe an der Hand, ist erstes Gebot, ihm diese nicht zu entziehen. Dasselbe gilt auch bei erwachsenen Hunden, die zum Schnappen neigen. Reißen wir die gefaßte Hand zurück, pakken junge wie ältere Hunde reflexartig fester zu. Belassen wir dagegen die Hand oder drücken sie in den Fang, kommt es weniger rasch zu Verletzungen. Und beim Zugreifen des Welpen im Sinne einer Liebkosung, die aber für uns zu hart erfolgt und schmerzt, geben wir am besten einen heftigen Schmerzlaut von uns (wie etwa «au!»). Das versteht der Welpe, weil dieser Laut dem seinerzeitigen Aufjaulen der Geschwisterwelpen entspricht, das sein Zupakken gebremst hat.
Falsch wäre es, dem kleinen Hund mit Worten sein Fehlverhalten zur Kenntnis bringen zu wollen, sei es in beruhigender Weise erklärend, sei es als aufgebrachtes Schelten. Beides kann das Tier nicht verstehen. Auch leichte Abwehr mit der freien Hand führt zu einem Mißverständnis, da der Hund dies als Spielaufforderung auffaßt, was ihn veranlassen könnte, noch stärker zu fassen. Genügt der Wehlaut nicht, korrigieren wir den zu fest seinen Fang schließenden Hund mit einem Klaps der andern Hand, und zwar sehr massiv, damit der Hund wirklich abgeschreckt wird. Man beobachte einmal jene Einwirkungen der Mutterhündin, wenn sie ihre Welpen zurechtweist. Sie erfolgen unerhört schnell, präzis und kräftig. Der Welpe verliert dadurch keineswegs das Vertrauen zur Mutter, denn er bezieht die Einwirkung gar nicht auf sie, sondern auf seine Handlung im Moment des Einwirkens. Genauso reagiert der Hund, wenn sein Besitzer im richtigen Augenblick gezielt und massiv einwirkt. Und das kann man in einem solchen Fall praktisch nur mit der Hand. Bleiben wir bei diesem Vorgehen innerlich gelassen, wird der kleine Hund nicht handscheu, wie fälschlicherweise in manchen Hundebüchern behauptet wird. Auch hierin soll uns die Mutterhündin Vorbild sein: Sie korrigiert ihren Welpen mit dem Fang blitzschnell und hart, bleibt aber völlig unerregt und tut so, als wäre überhaupt nichts passiert. Auch wir sollten also wortlos und gelassen – niemals in strafender Aufwallung – sowie massiv und schnell einwirken, wonach wir uns völlig unbeteiligt geben. So wird die Korrektur ihre Wirkung nicht verfehlen.

7. Ein praktisches Beispiel

Eben schreibt uns Frau Z. aus Guntenswil: «Nun haben wir aber ein anderes Problem mit Bärli. Jedesmal, wenn ich mit ihm den Spaziergang antrete, benimmt er sich äußerst ungestüm, bellt und springt an mir hoch und schnappt mich in die Arme. Letzteres ist recht lästig und wird je länger je brutaler. Wenn die alte Schäferhündin dabei ist, treibt er das Spiel mit ihr. Da wir, um wegzugehen, zuerst eine stark befahrene Straße überqueren müssen, bin ich jedesmal in großer Angst. Einmal stieß ich Bärli mit dem Fuß von mir, da tat er noch verrückter.»
Hier ist erkennbar, daß der junge Berner-Sennenhund-Mischling, um den es sich handelt, auf diese belästigende Art nur seiner Freude am beginnenden Spaziergang Ausdruck verleiht. Daß er dies, wie die Besitzerin schreibt, nur mit ihr und nicht mit ihrem Mann tut, zeigt, daß Frau Z. dem Hund ganz einfach zu lange zuviel durchgehen ließ. Sie ist für Bärli ein Kumpel wie die Schäferhündin, nicht aber eine geliebte Respektsperson. Das läßt sich jedoch ändern nach dem Rezept: Ohne zu schimpfen oder auch nur ein Wort zu sagen hart einwirken im Moment der unerwünschten Handlung und danach so tun, als wäre gar nichts geschehen. Freilich muß sich die Besitzerin nun überwinden können und wirklich massiv dem Hund einen Klaps versetzen. Das könnte in diesem Fall auch mit einer zusammengerollten Zeitung geschehen, womit jedoch im Moment von Bärlis erster Attacke mit aller Kraft zuzuschlagen wäre, und zwar auf seinen Schädel, der überaus robust ist. Es wird ihm nicht wehtun, aber ihn erschrecken und damit auch abschrecken. Er wird es seiner Besitzerin nicht übelnehmen, wenn sie ihn so korrigiert. Im Gegenteil, er wird sie in seinem Hundeherzen vermutlich noch fester einschließen als zuvor.

8. Das Verknüpfen einer Handlung mit dem damit verbundenen Hörzeichen

Wir versuchten klarzustellen, daß unser Hund nicht in der Lage ist, zu merken, was wir meinen oder von ihm wünschen, wenn wir mit ihm schimpfen wie mit einem Kind. Auch wenn wir ihm etwas mit langen Sätzen erklären wollen, bleibt ihm dies unverständlich. Sicher werden uns nun einige Leser entgegenhalten, daß ihr Hund

sehr wohl Sätze zu verstehen vermag und daß sie überhaupt nur in Sätzen zu ihm sprechen. Wer das annimmt beziehungsweise tut, erliegt ganz einfach einer Täuschung. Unser Haushund ist in jeder Beziehung ein exzellenter Beobachter, und er verfügt über ein überaus leistungsfähiges Gedächtnis im Bereich der Speicherung von Eindrücken. Hat er einmal einen Laut mit einer bestimmten Handlung oder einem bestimmten Ereignis verknüpft und sich dies gemerkt, wird ihn dieser Laut auch dann sogleich ansprechen, wenn er als ein Teil eines Satzes erklingt, den wir aussprechen. Dabei muß es sich nicht unbedingt um ein Hörzeichen wie «Bleib» oder «Sitz» handeln, es kann auch ein anderer ihm vertrauter Laut in sein Ohr dringen, den er mit einem angenehmen (oder unangenehmen) Vorgang zusammengebracht und registriert hat. Ertönt dieser Laut nun in der Folge einer Satzkonstellation, reagiert er sogleich erwartungsvoll (oder negativ berührt) darauf.
Dazu ein Beispiel: Wir sitzen am Mittagstisch, der Hund liegt bei offener Tür im Flur. Wir besprechen den Verlauf des kommenden Nachmittags, und die Mutter sagt: «Mit dem Hund kann ich um drei Uhr hinausgehen.» Nach diesen Worten erscheint unser Pudel unter der Tür, streckt sich gähnend und blickt uns erwartungsvoll an. Ob nun das Wort «Hund» oder der Ausdruck «hinausgehen» seine Aufmerksamkeit erweckt hat, läßt sich kaum feststellen. Aber es sind immer so kurze Lautfolgen, welche einen Hund derart anregen und nicht selten aus dem Schlaf reißen. Dabei spielt auch die Stimmung, in welcher gesprochen wird, eine Rolle, wie ja Hunde unsere Stimmungswechsel überhaupt sehr rasch erfassen. Auch dazu ein Beispiel: Ich sitze am Schreibtisch und entschließe mich, endlich aufzuhören mit einer Arbeit und hinauszugehen. In diesem Augenblick springt mein Arno auf und schüttelt sich tatenfroh die Trägheit aus den Gliedern. Dies, obgleich ich noch kein Wort gesprochen und keine Bewegung gemacht habe. Aber die Veränderung in meiner inneren Haltung, vermutlich verbunden mit einem stärkeren Ein- oder Ausatmen, hat dem Hund genügt. Er empfindet dies als deutliche Mitteilung: «Nun geht es hinaus!»

9. Tabus setzen

Den Hund dazu bringen, etwas Bestimmtes zu tun, ist die eine Seite der Erziehung, ihn zu veranlassen, etwas nicht zu tun, ist die andere. Wenn wir den Junghund in unserem Familienbereich einfügen, geht es vorerst darum, ihm gewisse Dinge klar zu verbieten. Auch hierbei ist überlegte und beherrschte Konsequenz bedeutend wirkungsvoller als autoritäre Härte. Auch hier sollten wir uns vorzustellen versuchen, wie eigentlich der Hund unser Eingreifen erlebt. Nehmen wir an, der Hund stellt sich am Eßtisch hoch, wo wir eben eine wohlriechende Platte mit Blut- und Leberwürsten hingestellt haben. Das Beste, was wir in diesem Augenblick tun können: Wir schubsen den Hund kräftig vom Tisch, ohne ein Wort zu sagen. Eben hat er noch konzentriert in Richtung der Würste geschnuppert, plötzlich wirft ihn etwas völlig Unerwartetes um. Es verknüpft sich in ihm: Lockender Geruch vom Tisch mit erschrekkendem Zu-Boden-Stürzen. Dies ergibt in seinem Gedächtnis die Spur einer Gefahr, welche beim nächsten gleichen Ereignis sofort eine Hemmung auslöst und ihn veranlaßt, der Lockung nicht nachzugeben. Ein Tabu ist gesetzt. Natürlich können wir auch mit dem üblichen «Pfui!» reagieren, aber da schwingt schon unsere Erregung mit, und lassen wir noch Schimpfworte oder eine Erklärung folgen wie «das tut man nicht» und so weiter, verwischen wir jene Spur, die sich eben zu bilden begann, und der Hund wird das Geschehen sehr bald mit unserer Person in Verbindung bringen. Das heißt für ihn: Gutes vom Tisch holen geht nicht in Anwesenheit des Besitzers. Im andern Fall gilt das Tabu ganz allgemein, auch wenn der Hund für den Augenblick allein ist.

10. Wie erziehen Hunde-Eltern ihre Kinder?

Eberhard Trumler hat in einem seiner überaus informativen Bücher geschildert, wie sich im Hundebereich der Übergang von der antiautoritären zur autoritären Erziehungsphase vollzieht. Seine genauen Beobachtungen beziehen sich auf Hundefamilien, die in einem Freigehege leben. Können sich die Welpen bis etwa zur siebten Lebenswoche gegenüber den Eltern alles erlauben, ohne bestraft zu werden, wandelt sich dies von einer Stunde auf die andere. Hat ein Welpe bislang ungerügt am Ohr der Mutterhündin gezerrt, die dabei höchstens aufwinselte, um ihm zu zeigen, daß sein Biß zu stark ist, so wird er nun plötzlich überfallartig gepackt und gröbstens weggeschmissen. Man meint, er sei zumindest verletzt. Die Hündin, die so schnell und scheinbar brutal gehandelt hat, erregt sich bei alledem überhaupt nicht, nein, sie liegt völlig entspannt da, als sei überhaupt nichts geschehen. Ebenso kühl verhält sich der Rüde, wenn er jetzt beispielsweise einen Welpen packt und hinschmeißt, der einem vom Baum wirbelnden Blatt nachjagen will. Hier wird deutlich, daß durch das harte Eingreifen der Hunde-Eltern der Welpe offensichtlich lernt, künftige Gefahren zu meiden. Würde er unbelastet jedem sich bietenden Reiz folgen, hätte er kaum eine Chance, in der freien Wildbahn zu überleben.

Was aber für uns wichtig und nachahmenswert ist: Auch wir sollten dann, wenn wir erziehend eingreifen, nicht zimperlich vorgehen, dafür aber völlig ruhig bleiben und so tun, als wäre nichts passiert. Dann verwischen wir den Eindruck nicht, den wir erwirkt haben. Zudem bezieht der Junghund das Ereignis dann nicht auf unsere Person, sondern auf das Ding des Anstoßes selbst. Um zum Beispiel mit den Würsten auf dem Tisch zurückzukehren, heißt das für den Hund: Was da so schön duftet, ist gefährlich, denn man stürzt plötzlich um, wenn man sich ihm nähern will.

Man sieht, es lohnt sich, von den Hunde-Eltern zu lernen, wie man sich als Hunde-Erzieher zu benehmen hat. Jede Aufregung und jeder Wutausbruch sind hier fehl am Platz. Sie verwischen nur den Eindruck auf den zu korrigierenden Welpen oder Junghund, den wir eigentlich anstreben. Es findet keine klare und auf das zu verbietende Objekt bezogene Verknüpfung statt. Damit wird auch kein Tabu gesetzt. Im besten Fall kommt es zu einer Verunsicherung in der gegebenen Situation, welche den Hund später kaum davon abhalten dürfte, den Versuch nochmals zu wagen.

11. Das Hörzeichen «Nein»

Es dürfte dem Leser nun klar sein, daß wir den Hund zuerst sorgfältig an ein Hörzeichen gewöhnen müssen, wenn wir später von ihm erwarten wollen, daß er in erwünschter Weise auf dieses Hörzeichen reagiert. Also das tut, was wir von ihm verlangen.

Bei dieser Gewöhnung an ein Hörzeichen kommt es nun oft zu Mißverständnissen, und der Hund reagiert dann unerwünscht. Bevor wir in diesem Fall die wortlos durchzuführende Korrektur vornehmen, sprechen wir ruhig und gelassen (frei von Ungeduld, ohne innere Erregung) das Hörzeichen «Nein». Erst danach korrigieren wir den Hund manuell.
Dieses «Nein» hat überhaupt nichts zu tun mit dem bekannten «Pfui!», welches wir dann scharf ertönen lassen, wenn wir den Hund daran hindern wollen, etwas Unerwünschtes zu tun. Das «Nein» dagegen wird stets völlig ruhig gesprochen. Es leitet immer eine klar durchzuführende Korrektur ein. Damit erreichen wir mit der Zeit, daß unser Hund auf das «Nein» immer eine Korrektur erwartet. Dies läßt ihn aufmerksam werden auf unsere Person, und wir können ihn nun leicht beeinflussen. Hat er das «Nein» einmal intus, können wir ihn auch auf Distanz damit besser bremsen, wenn er sich einmal anschickt, einem Jogger nachzurennen, als wenn wir ihn mit mehrfachem aufgeregtem Rufen geradezu auf den Davoneilenden hetzen. Denn das «Nein» bringt ihn unweigerlich in Kontakt zu uns, er erwartet auch jetzt eine Korrektur, und unser «Komm» ist dadurch von optimaler Wirksamkeit. Entfernen wir uns gleichzeitig entschlossen, wird er uns dann meist auch folgen. Um nun den Hund an dieses unerhört praktische Hilfsmittel in Form des Hörzeichens «Nein» zu gewöhnen, eignet sich ganz vorzüglich die sogenannte Bleibübung, welche in Kapitel VI auf den Seiten 81 f. eingehend dargelegt ist. Sie läßt sich danach im Alleingang erarbeiten.

Kapitel V
Erziehen beim Spazierengehen

Wir haben dargelegt, wie man mit seinem Junghund umgehen sollte, damit er eine Chance hat, uns auf seine Weise zu verstehen. Ferner, wie man am besten vorgeht, wenn man dem Hund etwas verbieten muß, sei es, bestimmte Räume zu betreten, sei es, etwas zu «stibitzen». Das Erteilen eines Verbots nannten wir «ein Tabu setzen». Nun möchten wir zeigen, was alles über einfache Gewöhnung dem Hund beigebracht werden kann, wenn man dazu das ohnehin unerläßliche Ausführen beziehungsweise Spazierengehen auszunützen weiß.

1. Das Halsband-Leine-Ritual

Jeder normale Hund freut sich sehr, wenn er merkt, daß es hinausgeht. Wir sollten seine gute Stimmung, die ihn aufmerksam und damit auch lernfähig macht, ausnützen. Das geschieht, wenn wir jene Handlungen, die zur Vorbereitung des Spaziergangs ohnehin nötig sind, in stets gleichbleibender Reihenfolge ablaufen lassen, nämlich das Anziehen des Halsbandes und das Befestigen der Leine.

Der Hund hat ja schon begonnen, im Flur herumzurennen, als wir nach dem Halstuch griffen oder unsere Schuhe wechselten. Jetzt ziehen wir uns selbst erst einmal fertig an, bevor wir uns dem herumhüpfenden Tier zuwenden. Das tun wir, indem wir konzentriert auf jene Stelle zugehen, wo Halsband und Leine hängen, diese aber nur anblicken, noch nicht ergreifen. Wenn wir die beiden Utensilien einige Sekunden fixieren, wird der Hund früher oder später (es muß nicht gleich beim ersten Versuch so sein) den Zusammenhang mit dem Hinausgehen erfassen. Die beiden Gegenstände sind jetzt für ihn höchst interessant als in hohem Grad positive Objekte, und das ist nicht unwichtig für die künftige Erziehung zur Leinenführigkeit.

Nun nehmen wir als erstes das Halsband vom Haken, strecken es aber nicht dem Hund entgegen, sondern halten es ganz einfach vor uns hin, ohne den Hund direkt anzublicken. Das wird ihn bald einmal veranlassen, mit der Schnauze dagegen zu stoßen, und so können wir es ihm unter lobenden Worten anziehen. Die meisten Hunde schieben ihren Kopf mit der Zeit selbst ins Halsband, wenn wir auf diese Weise vorgegangen sind.

Als nächstes nehmen wir die Leine zur Hand und warten, bis der Hund zu uns kommt. Klebt er mit der Nase bereits an der Wohnungstür, treten wir dort zu ihm hin. Die Leine wird nun befestigt, wir öffnen die Tür und gehen hinaus. Natürlich wird der junge Hund dabei zerren, aber das gestatten wir ihm vorläufig noch. Denn alles auf einmal können und sollen wir von dem jungen Tier nicht verlangen. Zudem gehört das Abgewöhnen des Leinenzerrens später – wenn unser Hund schon schwerer und kräftiger geworden ist – zu den einfacheren Lehrvorgängen.

2. Hinsetzen des Hundes vor Tür, Gartentor und am Randstein

Was wir selbst vom acht Wochen alten Welpen schon verlangen können, ist das Hinsetzen an der Leine. Vorausgesetzt allerdings, daß wir dabei nicht von der Absicht ausgehen, ihm dies mit Befehlen beizubringen. Dies wäre auch beim erwachsenen Hund ein ungeeignetes Vorgehen. Daß es dennoch häufig so gemacht wird, zeigt nur, wie wenig man ganz allgemein von der Andersartigkeit des Hundes weiß. Wir werden später noch darstellen, warum der Hund als Befehlsempfänger nicht begabt ist.

Vorerst geht es nur darum zu zeigen, wie man den Junghund daran gewöhnen kann, vor jeder Tür, jedem Tor und jedem Randstein hinzusitzen, sobald man davor anhält. Nähern wir uns einem dieser Zielpunkte, heben wir die Leine und damit auch das Halsband deutlich an und verlangsamen unseren Schritt bis zum Stillstand. Nun hängt der Hund sozusagen im Halsband neben uns, und es ist durchaus möglich, daß er sich nach einer Weile spontan hinsetzt. Tut er dies nicht, tippen wir mit den Fingerspitzen einer Hand leicht auf seine Kruppe, ohne jedoch mit der anderen Hand die angehobene Leine zu senken. Sie wird im Gegenteil stets ruhig auf gleicher Höhe gehalten. Der Hund wird sich bei dieser Hilfe setzen. Hat er die Sitzstellung einmal eingenommen, warten wir noch zwei Sekunden und beginnen erst jetzt, die Leine langsam zu

Sanftes, aber doch bestimmtes Hinsetzen des Welpen vor dem Randstein.

senken. Im gleichen Augenblick setzt unser freundliches Hörzeichen, ein gedehnt gesprochenes «Siiiitz» ein, das genau so lange dauert, bis die Leine wieder entspannt und locker durchhängt. Man beachte, daß wir bis zu diesem Hörzeichen noch gar nichts zu dem Hund gesagt haben. So wirkt das «Siiiitz» nun stark auf den Hund ein. Detailliert dargestellt zum Selbermachen ist dieser Vorgang in Kapitel VI, Seite 76f.

3. Die Verknüpfung als Mittel der Verständigung

Unserem Hund prägen sich eben zwei Vorgänge ein, die parallel verlaufen und die er gedächtnismäßig miteinander verknüpft: Einmal der abnehmende Druck des angehobenen Halsbandes gegen seine Kehle, zum andern das einschmeichelnd ertönende Hörzeichen «Siiiitz». Beide ergeben höchst angenehme Empfindungen. Damit wird erreicht, daß der Hund in ein bis zwei Monaten allein auf unser «Siiiitz» hin gern und sicher reagiert, ohne daß die Leine jetzt noch angehoben werden muß. Dieses Wort, das eine zunehmend angenehme Handlung begleitet hat, ist nun zum Hörzeichen geworden, das jene Handlung zuverlässig auslöst. Das heißt, der Hund gehorcht im wörtlichen Sinne.

Von außen gesehen erscheint das Hörzeichen dem Betrachter als Kommando, weil der Hund ja tut, was man ihm sagt. Aber in seinem Aufbau hat ein Hörzeichen recht wenig mit einem Kommando oder einem Befehl zu tun. Ein Besitzer, der diesen Unterschied erkennt und sieht, daß ein Hörzeichen der Auffassungsgabe des Hundes bedeutend besser entspricht, wird im Grunde keine Mühe mehr mit der Erziehung seines Hundes haben. Denn er macht es ihm leicht, ihn auf Hundeart zu «verstehen».

Wir gehen nun zurück zu jener Phase der Übung, da sich der Hund gesetzt hat, wonach wir unter «Siiiitz» die Leine gesenkt haben. Ist dies geschehen, richten wir uns auf, bleiben eine Sekunde neben dem sitzenden Hund stehen und beugen uns erst jetzt zu ihm hinunter, um ihn mit kurzem Tätscheln und «brav sitz» zu loben. Wichtig ist nun, daß wir uns wieder aufrichten, nochmals eine Weile entspannt verharren, bevor wir mit freundlichem «Komm» den Hund zum Weitergehen ermuntern. Verläßt jedoch der Hund an irgendeinem Punkt der Übung die Sitzstellung, sagen wir ganz ruhig «nein» und beginnen den Vorgang ganz von vorn.

Welche Hilfe wir für spätere Erziehungsvorgänge an diesem neuen Hörzeichen «nein» haben werden, haben wir in Kap. IV, Seite 49, erklärt.

4. Spazieren mit dem Junghund

Beläßt man den neu übernommenen Welpen auch anfangs lieber einige Tage zuhause und allenfalls im Garten oder in der näheren Umgebung, so sollte man doch nicht aus lauter Angst, es könnte ihm etwas geschehen, allzu lange warten bis zum ersten richtigen Spaziergang und damit auch den ersten Begegnungen mit fremden Hunden. Man sollte nicht vergessen, daß es nur noch Wochen geht, bis aus unserem Welpen ein Junghund geworden ist. Ist er gesund, dann ist er auch neugierig, und er will etwas erleben.

5. Risiken eingehen

Wer mit seinem Welpen gar keine Risiken eingehen will, sollte sich keinen Hund halten. Denn er wird später mit ihm Probleme haben, und diese werden um so größer sein, je wesenssicherer und temperamentvoller der betreffende Hund ist. Zuviel Vorsicht, von Angst um den teuren Liebling diktiert, schadet der Entwicklung unserer Beziehung zum Hund. Schon mit vier Monaten ist er robust genug, um auch einmal unter die Pfoten eines älteren Tieres zu geraten, zum Beispiel dann, wenn er ahnungslos an einem Stock schnüffelt, den der andere eben niedergelegt hat, um seinerseits den Neuling zu beschnuppern. Und hier stellt sich schon die wichtige Frage, wie man sich verhalten soll, wenn so etwas geschieht und unser Hund aufjault, den Schwanz einklemmt und sich pinkelnd auf dem Rücken wirft. Die Antwort lautet: Wir sollen uns bei einer derartigen Schrecksituation so verhalten, daß der Hund aus dieser Erfahrung etwas lernen kann. Das heißt, wir sollten ihn weder mit unserem Angstgeschrei noch mit bemitleidenden Worten daran hindern, sich allein aus der Affäre zu ziehen und sich aus eigener Kraft zu beruhigen. Junghunde, die bei jeder sie verunsichernden Begegnung oder Erscheinung zum Besitzer flüchten, um von ihm gehätschelt zu werden, haben wenig Chancen, je ganz erwachsen und selbständig zu werden. Ein Fehlverhalten der

Besitzer dieser Art kann sogar zu einer unechten Aggressivität führen.
Bei allem, was unseren Hund ängstigt, sei es ein anderer Hund, sei es irgendein Objekt – zum Beispiel ein vom Wind leicht bewegtes Stück Plastikfolie, das liegengeblieben ist –, sollten wir uns so lange wie möglich zurückhalten und beobachten, wie das junge Tier reagiert, wie es vielleicht erschrocken ausweicht, dann aber doch neugierig wird, sich wieder nähert und im besten Fall die Begegnung mit dem Hund oder dem Ding erneut sucht. Wenn der Welpe in dieser Weise eine Leistung erbracht hat und wieder zu uns kommt, dann können wir ihn loben und ihm zeigen, wie sehr wir uns über ihn freuen. Dieses Verhalten gegenüber unserem kleinen Greenhorn sollten wir auch später beibehalten. Dann wird der Hund immer sicherer. Im andern Fall, wenn wir ihn vor allem und allen bewahren wollen, festigt er sich nie ganz.

6. Sich fortbewegen, statt zu rufen

Es gibt so etwas wie eine Technik des Spazierens mit dem Junghund. Sie besteht vor allem darin, daß wir in den ersten zwei Monaten unserer Ausgänge nicht stehen bleiben, um mit Bekannten zu sprechen oder aus anderen Gründen, sondern uns zwar nicht schnellen Schrittes, aber doch stetig weiterbewegen im Gelände. Das hat zur Folge, daß der Junghund sich daran gewöhnt, daß seine Besitzer nie am selben Ort verblieben sind, wenn er sich nach ihnen umschaut. Dies wiederum veranlaßt ihn, sich ständig nach ihnen umzuschauen und ihnen zu folgen. Am Ende ergibt das einen Hund, nach dem wir uns kaum mehr umschauen müssen und bei dem wir uns auch nicht veranlaßt fühlen, ihn öfter zu rufen. Denn er folgt uns aus eigenem Antrieb, läßt uns nie ganz aus den Augen und schließt stets wieder spontan zu uns auf. Natürlich gibt es auch bei dieser Regel eine Ausnahme, dann nämlich, wenn der Hund mit Artgenossen zu spielen beginnt. Dann bleiben wir stehen, gönnen ihm und uns die Freude, selbst wenn es zu etwas rauhen Rempeleien kommt. Wenn wir jetzt bei einem Hund, der noch nie Schmerzen gezeigt hat und auch sonst munter ist, an die Gelenke denken, die allenfalls Schaden nehmen könnten (es gibt Tierärzte und Züchter, die uns davor ständig warnen), dann gehen wir zu weit in der Vorsorge. Es ist höchst selten, daß Gelenkschäden durch starkes Bewegen aus eigener Kraft und im eigenen Gleichgewicht verursacht werden, wohl aber öfter durch mangelnde Bewegung, weil sich dann die Muskulatur zu wenig entwickelt und damit die Gelenke größerer Beanspruchung ausgesetzt sind. Also, so lange unser Kleiner von selbst herumtollt, dabei keinerlei Anzeichen von Schmerzempfindung (zum Beispiel Schonen) zeigt und auch zuhause beim Aufstehen nach längerem Schlaf sich normal bewegt, lassen wir ihn sich nach Herzenslust austoben. Selbstverständlich teilen wir auch unsere Spaziergänge so ein, daß der Junghund keine Mühe hat, uns zu folgen, sondern dies stets freudig und ohne sichtliche Ermüdungserscheinungen tut.

7. Spazieren fördert den Kontakt

Was unser Junghund und wir zusammen unternehmen und erleben, vertieft unser gegenseitiges Vertrauen. Das gilt auch für jene Hunde, die später als andere ein starkes Zugehörigkeitsgefühl gegenüber ihren Besitzern zu empfinden beginnen. Es ist dies eine auffallende Erscheinung und ganz typisch für jene Tiere, denen während der Aufzucht – je nach Abgabetermin bis zur achten, zehnten oder zwölften Lebenswoche – zu wenig Kontaktmöglichkeiten mit Fremdpersonen geboten wurden. Mit diesem Ausfall behaftet wird ihnen jetzt der Aufbau einer Beziehung zum Besitzer recht schwer fallen. Viel stärker bindet sie vorläufig die Anwesenheit von anderen Hunden, denen sie dann auch ständig nachlaufen. Oft hört man dann so einen Hundehalter enttäuscht ausrufen: «Der geht doch einfach immer andern Leuten nach!» Dabei ist der Kleine nur deren Hund gefolgt. Mit einem solchen Junghund muß man Geduld haben, es wird sich lohnen. Zeigt er selbst nach vierzehn Tagen der Angewöhnung am neuen Platz noch keinen Drang, des Besitzers Nähe zu suchen, kann man ihn vorsichtshalber an eine leichte Schleppleine legen und ihn mit dieser sich frei bewegen lassen. So läßt sich der Hund schnell wieder behändigen. Die Schleppleine von etwa 10 m Länge (Material Spurenleine oder altes Stück Wäscheleine mit Karabiner versehen) wird am Halsband angehängt und vom Hund nachgezogen. Das erlaubt uns, auf diese Leine zu treten, wenn der Hund nicht ganz herbeikommt. Wir ziehen nun den Hund nicht etwa an der Leine herbei wie einen Fisch an der Angel, lassen vielmehr die Leine liegen und

gehen Schritt für Schritt auf die Leine tretend zu ihm hin, nehmen ihn an unsere Seite und loben ihn. Damit wird das verhängnisvolle Nach-dem-Hund-Greifen, um ihn zu erwischen, ausgeschaltet. Denn dies empfindet der Hund bald als Aufforderung zum Fangspiel, und er weicht immer geschickter aus. Unser Schelten macht das Spiel für ihn nur noch aufregender.
Noch besser ist es, wenn wir mit ihm vorwiegend Spazierwege aufsuchen, wo wir normalerweise ganz allein sind zusammen. Früher oder später werden wir es erleben, daß uns der Hund auch bei äußerer Ablenkung spontan nachfolgt.

8. Der Junghund im Verkehr

Wer in der Stadt wohnt oder wer täglich verkehrsreiche Straßenzüge zu passieren hat, tut gut daran, seinen Junghund früh genug an solche Passagen mit ihrem Lärm, den bedrohlich sich bewegenden Blechobjekten und ihrem Gestank zu gewöhnen. Ist der Wel-

Jeder gut aufgezogene Hund gewöhnt sich schnell an den Stadtverkehr. Lärm und Gestank vermögen seine Fröhlichkeit nicht zu dämpfen, wenn er sich am neuen Platz zuhause fühlt.

pe schon beim Züchter mehrfach in Kontakt mit motorisierten Fahrzeugen und anderen lärmerzeugenden Maschinen wie Staubsauger oder Rasenmäher gekommen, wird er kaum schreckhaft reagieren und nicht in Panik verfallen. Es ist jedoch von Vorteil, erst dann solche Gewöhnungsspaziergänge im Verkehr zu unternehmen, wenn schon einige einfache Übungen vom Hund in der Regel auf Hörzeichen hin mit Sicherheit ausgeführt werden. Zumindest sollte das «Gehen-Anhalten-Setzen» dem Hund und seinem Besitzer geläufig sein. Siehe Seite 76, Kap. VI.
Natürlich muß der Junghund auch schon einigermaßen gut an der Leine gehen. Diese und andere für ihn gewohnte Übungen wenden wir nun an, wenn der Hund im Verkehr unsicher wird. Indem er mit uns etwas ihm Vertrautes tut, wird er abgelenkt und beruhigt sich. Wer also schon zuvor beim Überqueren von Nebenstraßen mit wenig Verkehr den Hund vor dem Betreten der Fahrbahn am Randstein zum Sitzen brachte, erst nach einer Pause die Straße überquerte und auf dem gegenüberliegenden Trottoir den Hund nochmals für einige Sekunden sitzen ließ, wird nun auch im dich-

Sehr schnell wird der Hund größer. Hat man ihn leinenführig gemacht, gibt es in der Stadt keine Probleme.

ten Verkehr mit seinem Hund zurechtkommen. Es ist erstaunlich, mit welcher Sicherheit ein so vorbereiteter Junghund den jenseitigen Gehsteig anzusteuern pflegt, der ihm auf diese Weise zum Ziel und Endpunkt der vertrauten Übung geworden ist.

9. Was tun, wenn der Hund blockiert?

Wir sollten uns ab und zu vorstellen, wie anders der Blickwinkel ist, aus dem der Hund seine Umwelt erfährt. Wenn wir uns einmal auf dem Trottoir hinsetzen, statt stehen zu bleiben, ist unser Kopf noch beträchtlich höher, als das Auge, das Ohr und die Nase unseres Hundes sind, wenn wir nicht einen ausgesprochenen Riesen an der Leine führen. Alle optisch erfaßten Erscheinungen wirken nun bedrohlicher, die Geräusche stärker und der Gestank ist auf diesem Niveau ebenfalls intensiver zu verspüren. So also erlebt der Hund den Verkehr. Er muß nicht besonders ängstlich sein, wenn er da hin und wieder erschrickt, auszuweichen versucht oder gar blockiert, das heißt starr stehenbleibt und sich nicht weiter fortbewegen will. Daß man ihn jetzt durch eine ihm vertraute Übung in eine andere Stimmung versetzt und damit aus der Erstarrung lösen und beruhigen kann, habe ich oben erklärt.
Daß mit Schimpfen oder mit stumpfsinnigen Kommandos nichts zu erreichen ist, dürfte einleuchten. Es nützt aber auch kaum etwas, wenn wir den Hund an der Leine weiterziehen, er wird sich dann meist sträuben und auf den blockierten Pfoten schlittern. Was wir mit der Leine tun können, ist höchstens ein kurzes, kräftiges Herbeirucken, wonach die Leine gleich wieder lockerzulassen ist. Nicht selten bringt man auf diese Weise den Hund wieder in Gang, sofern man sich selbst unverzüglich wieder in Bewegung setzt. Fast so negativ wie das Schelten wirkt sich in einer solchen Situation das beruhigende Einreden auf den Hund aus. Damit wächst nur seine Unsicherheit. Viel besser wäre es, den Hund ganz einfach hochzuheben und davonzutragen. Mit einem kleinen jungen Hund ist dies möglich und zweckmäßig, mit dem Junghund einer größeren Rasse jedoch kaum durchführbar. Es bleibt noch die Ablenkung und der Anreiz zum Weitergehen durch einen vorgehaltenen Leckerbissen. Nützt dies auch nichts, ist guter Rat wirklich teuer. Der Hund ist nun einfach überfordert, wir haben ihm zuviel zugemutet. Wir hätten früher erkennen sollen, daß er dieser Situation vermutlich nicht gewachsen sein wird. Wir hätten ihn besser beobachten und in kleinen Stufen an die Aufgabe heranführen müssen.

10. Die Anpassungsfähigkeit des Hundes

Ein in seiner Welpenzeit gut geförderter, das will sagen mit Personen verschiedener Art und einem normal belebten Umfeld vertraut gewordener Hund ist unerhört anpassungsfähig. Er gewöhnt sich rasch an Erscheinungen, die ihm bisher noch nicht begegnet sind.

Oft ist es die ihm eigene Neugier, die ihn veranlaßt, etwas Ungewohntes kennenzulernen. Dann nähert er sich zuerst vorsichtig, versucht schnuppernd den Geruch des Dings in die Nase zu bekommen. Schließlich wird er frecher, gelangt an das Ding heran, beriecht es in Millimeternähe und bepinkelt es dann meist auch noch. Auch Hündinnen markieren dann in der Regel kurz, nur wird das nicht so deutlich sichtbar. Und jetzt ist eine neue Erfahrung gemacht und im erstaunlich leistungsfähigen Gedächtnis gespeichert. Man hat gelernt. Man paßt sich an. Man wird nicht mehr erschrecken.

Diese Leistung eines normal begabten und fachgerecht aufgezogenen Hundes wird leider oft durch das Fehlverhalten der Besitzer gestört und unterbrochen. Dann nämlich, wenn wir uns in den Vorgang des Erkundens und Erkennens einmischen, sei es aus Angst, es könnte unserem Liebling etwas geschehen, sei es aus purer Schulmeisterei und allzu menschlicher Überheblichkeit dem Tier gegenüber. Man sollte eben seinen Hund nicht für dumm halten, das ist er keineswegs. Er erlebt seine Umwelt nur ganz anders als wir und reagiert darauf auf Hundeart.

Vieles, was wir können, kann er nicht. Aber manches kann er bedeutend besser als wir. Dazu gehört auch seine unwahrscheinliche Anpassungsfähigkeit. Es lohnt sich, darüber ein wenig nachzudenken und zu versuchen, den Hund nicht durch dilettantisches Eingreifen in diese Anpassungsvorgänge daran zu hindern, auf seine Weise Erfahrungen zu machen und zu lernen. Damit wird er auch selbständiger und sicherer. Und das gilt ganz besonders für die Gewöhnung an den Straßenverkehr.

11. Begegnungen mit anderen Hunden und ihren Besitzern

Wir haben dargelegt, daß man dem jungen Hund Gelegenheit geben sollte, seine Begegnungen mit anderen Hunden, mit Men-

schen oder mit irgendwelchen Objekten, die ihm Angst machen, selber zu bestehen. Nur wenn wir uns nicht einmischen, wird er nämlich in der Lage sein, aus Erfahrungen zu lernen. Dadurch wird er in seinem Verhalten selbständiger und reift zu einem wesenssicheren Tier heran.
Wir dürfen freilich auch nicht überrascht sein, wenn er im Alter von sechs bis neun Monaten auf einmal unsicherer zu werden scheint. In dieser Lebensphase durchgeht er eine kritische Zeit, ganz ähnlich dem Menschen in seiner Pubertät. Auch dann sollten wir ihn nicht mehr unterstützen als zuvor. Seine Unsicherheit wird jedoch von älteren Hunden sofort bemerkt, und er wird vermehrt von ihnen angegangen werden. Dies kann durch erwachsene Tiere geschehen, die selbst nicht wesensfest sind. Aber auch sichere Rüden bedrängen oft unsichere Junghunde, aber nur solange, bis sich diese ihnen stellen. Es scheint sich hier sozusagen um ein «Vaterverhalten» zu handeln, denn man kann beobachten, wie dann ein Junghund, nachdem er sich dem Rüden zum erstenmal gestellt hat, auch gegenüber anderen Hunden plötzlich ein sicheres Verhalten zeigt.

12. Freilaufende Hunde begegnen sich

Wie man sich verhalten bzw. nicht verhalten sollte, wenn man mit seinem freilaufenden Junghund anderen nicht angeleinten Hunden begegnet, ist in unserer Bildfolge dargestellt.

Fünf Personen begegnen sich mit ihren sechs freilaufenden Hunden auf einer Brücke, die wie jedes Engnis die Hunde leicht aggressiv stimmt. Der herankommende Deutsche Schäferrüde gehört dem Fotografen. Er trägt ein Holz im Fang und mustert kritisch den auf ihn zurennenden Hund. Läßt er das Holz fallen, wird seine Kontaktnahme mit diesem Hund besonders aggressiv gestimmt sein. Die Besitzer der anderen Hunde sind in fortgesetzter Bewegung begriffen, und wenn sie ruhig weitergehen würden, wäre kaum eine Rempelei zu befürchten.

Jetzt beginnen die Besitzer anzuhalten. Der Schäferrüde hat das Holz nicht fallen lassen, er strebt zu seinem Besitzer, dem Fotografen, wobei er sich mit nach hinten gelegten Ohren versichert, daß ihm keiner der anderen Hunde folgt. Die verbleibenden fünf Hunde, zwei Hündinnen und drei Rüden, nehmen interessiert Kontakt miteinander auf. Alle Ruten stehen hoch, es könnte nun leicht zu Aggressionen kommen.

Die vier Personen sind stehengeblieben. Die Kontaktnahme der Hunde geht weiter. Die drei Hunde rechts bilden eine enge Gruppe, es wird zum Teil Imponierhaltung angenommen. Das interessiert den Border Collie in der Mitte sehr, er nähert sich leicht aggressiv gestimmt, während der Mischling links sich auf Distanz hält. Kommt es zu einer Rempelei, wird dieser eher unsichere Hund vermutlich gehässig angreifen, wie das die Art solcher Hunde ist.

Zum Bild auf Seite 65:
Die zweite Person von links hat die prekäre Lage erkannt und geht entschlossen weiter. Die Dame rechts dagegen wendet sich der Gruppe zu. Eine Reiterin erscheint im Hintergrund, was eine willkommene Ablenkung bedeuten könnte, die jedoch in unserem Fall ohne Wirkung auf die weiterhin Kontakt nehmenden Hunde bleibt. Der Border Collie links und der Mischling rechts interessieren sich nicht mehr für die Gruppe, sie sind von Gerüchen abgelenkt. Inzwischen hat der aus dem Bild gegangene Schäferrüde sein Holz beim Fotografen abgelegt und will sich der Gruppe nähern, wird jedoch vom Besitzer zurückgehalten. Denn sein Hinzukommen zu den schon recht entspannten Hunden könnte nun doch noch eine Rempelei auslösen.

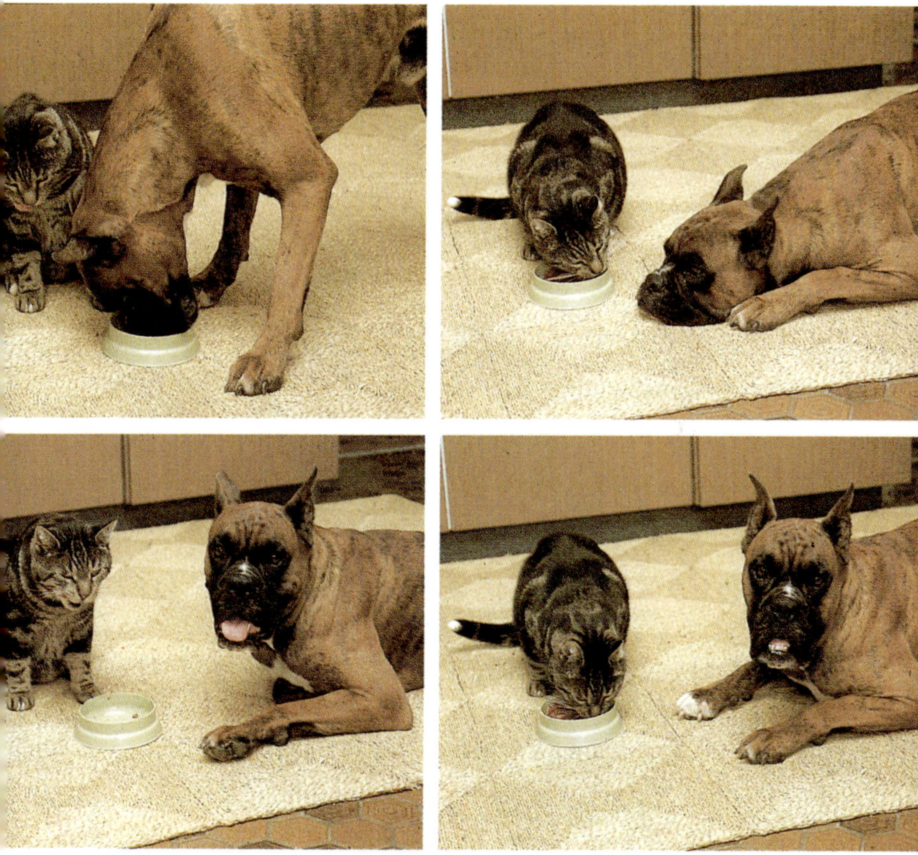

Auch im Erwachsenenalter können sich jung aneinander gewöhnte Hunde und Katzen gut vertragen.

Gemischte Heimtierhaltung – der Friede hängt von der möglichst frühen und geschickt durchgeführten Gewöhnung ab. Aber auch davon, ob der Mensch gegenüber seinem Hund wirklich Meister im Haus ist.

Da nun wieder alle Besitzer stehengeblieben sind, erhöht sich die Spannung der drei Hunde links deutlich, während der Border Collie, vom Schnüffeln des Mischlings rechts angezogen, zu diesem aufschließt. Zwischen den beiden ist kaum mehr eine Kontroverse zu befürchten, sie wirken völlig entspannt. Die Reiterin entfernt sich, ohne die Hunde interessiert zu haben, was auf eine hohe Intensität des gegenseitigen Interesses dieser Tiere schließen läßt.

13. Das Fazit der dargestellten Begegnungsabläufe

Es ist nichts passiert, aber die Gefahr einer Rempelei wurde durch das Anhalten der beteiligten Besitzer erhöht. Vorbildlich war, daß sie sich selbst ruhig und entspannt verhielten. Aus alledem ergibt sich ein Grundsatz, der besonders beim Ausführen von Junghunden mit Vorteil zu befolgen ist: **Bei Begegnungen mit freilaufenden Hunden erhöht man die Chance, daß nichts passiert, wenn man wortlos ruhig weitergeht.**

Wir haben dargelegt, wie man sich verhalten sollte, wenn man mit seinem nicht angeleinten Junghund anderen freilaufenden Hunden begegnet, nämlich: Nicht stehenbleiben, wortlos weitergehen. Für Besitzer, die sich unsicher fühlen und befürchten, ihr Hund könnte bei der Konfrontation mit einem erwachsenen Tier Schaden nehmen, besteht auch die Möglichkeit, vom Weg nach links oder rechts abzubiegen und sich zu entfernen, ohne jedoch mehr zu tun, als den Hund einmal mit ruhiger Stimme zu rufen. Jede Erregtheit von uns selbst oder von uns begegnenden Hundehaltern wird von unserem oder den andern Hunden sogleich herausgespürt. Das verunsichert sie, und je nach Veranlagung reagieren sie dann mehr oder weniger aggressiv. Die Ängstlichkeit von Besitzern hat schon oft an sich gut geartete Hunde dazu gebracht, ständig andere Hunde anzugehen oder durch ihr unsicheres Benehmen bei anderen Hunden aggressives Verhalten auszulösen. Es gilt auch hier der Grundsatz: Wer keine Risiken einzugehen bereit ist und jede mögliche Unannehmlichkeit mit seinem Hund im voraus abzuwenden trachtet, sollte sich keinen Hund halten. Denn auf diese Weise läßt sich kein Hund erziehen. Es bilden sich dann zwangsläufig Untugenden heraus, die nach einiger Zeit schwer zu beheben sind.

14. Begegnungen mit angeleinten Hunden

Führen wir unseren Hund an der Leine, und es tauchen freilaufende Hunde auf, leinen wir ihn im Weitergehen ab. Also nicht zuerst Anhalten und Sitzen lassen, sondern aus der Bewegung heraus freigeben. Treffen wir jedoch Personen mit angeleinten Hunden, gehen wir ruhig weiter und achten dabei darauf, daß die Leine lokker durchhängt. An der gestrafften Leine ist jeder Hund aggressiver. Um jedoch zu erreichen, daß unser Hund an der lockeren Leine geht, müssen wir mehr von der Leinenführigkeit wissen.

15. Wann macht man den Hund leinenführig?

Für Junghunde bedeuten Leine und Halsband zuerst nur die Einschränkung ihrer Bewegungsfreiheit. Es ist nur natürlich, wenn sie sich dagegen sträuben. Aber bald merkt so ein Hund, daß das Anlegen des Halsbandes und das Ergreifen der Leine durch den Besitzer das Hinausgehen anzeigen. Damit erhalten diese Utensilien für ihn eine höchst positive Bedeutung. Das hält natürlich den Junghund nicht davon ab, sich dann in die Leine zu stemmen, wenn er etwas Reizvolles erblickt. Und dabei entdeckt er schnell seine Kraft und wie schön es ist, diese beim Leinenzerren anzuwenden. Er stemmt sich dann auch ohne äußere Reize ins Halsband. Beim Welpen und bei Junghunden kleinerer Rassen ist es nicht nötig, dies von Anfang an abzugewöhnen. Denn schließlich ist das Ziehen ja etwas, das dem Hund liegt und das ihm Freude macht. Jeder gesunde Hund neigt dazu. Es tut ihm auch gut, seine Muskeln anzustrengen. Wir können es ihm vorläufig ruhig gestatten, denn bei fachgerechtem Vorgehen ist das Abgewöhnen des Zerrens einer der leichteren Erziehungsvorgänge.
Nur müssen wir den Zeitpunkt richtig wählen, indem wir uns Folgendes überlegen: Erstens: Welche Familienmitglieder haben den Hund täglich an der Leine zu führen, und wer davon ist am schwächsten und hat am ehesten Mühe, den zerrenden Hund unter Kontrolle zu halten? Zweitens: Wie schwer und wie aktiv ist der Hund? Denn nach den physikalischen Gesetzen ist Kraft gleich Masse mal Beschleunigung. Bedenkt man diese beiden Punkte, wird man unschwer entscheiden können, wann die Zeit gekommen ist, um den Hund leinenführig zu machen.

16. Die Technik der Korrektur

Die schlimmsten notorischen Leinenzerrer wurden von ihren Besitzern zu dieser Untugend geradezu erzogen und dafür trainiert. Dies geschieht immer wieder, indem aus lauter Angst, man könnte dem kleinen Hund weh tun, die Korrekturen am Anfang zu wenig deutlich erfolgen, und weil danach das Maß des Einwirkens auch nur allmählich gesteigert wird. Dadurch gewöhnt sich der Hund an die Korrekturen, und er wird sehr bald unwahrscheinlich «hart im Nehmen». Der ganze Vorgang hat Ähnlichkeit mit dem falsch bemessenen Verabreichen einer Medizin. Durch zu schwache Dosierung gibt man dem Krankheitserreger Gelegenheit, sich an das Medikament anzupassen, und am Ende ist er immun dagegen. Der erste Rat, der also hier zu geben ist, wäre: Wirken Sie von Anfang an massiv ein. Der Hund ist ein robustes Wesen, er kann das ohne weiteres verkraften. Zartbesaitete Gemüter sollten einmal beobachten, wie Welpen etwa von der sechsten Lebenswoche an miteinander umgehen und mit welcher Härte sie von der Mutterhündin zuweilen zurechtgewiesen werden. Dabei läßt sich in bezug auf die Hündin ein weiteres Prinzip des korrigierenden Einwirkens erkennen, nämlich: Wenn wir korrigieren, sollten wir dies massiv genug und klar tun, ohne uns dabei selbst zu erregen und womöglich noch entsprechend aufgeregt mit Worten (Schimpfen) unserer Handlung Nachdruck verleihen zu wollen. Auch die Mutterhündin verhält sich nach dem Einwirken so gelassen, als wäre überhaupt nichts geschehen. Das hat zur Folge, daß der korrigierte Hund die Einwirkung nicht auf die Hündin beziehungsweise auf uns bezieht, sondern sie mit der von ihm spontan ausgeführten Aktion verknüpft, die man ihm abgewöhnen will. Damit behält die Korrektur ihre Wirkung auch dann, wenn wir nicht selbst zugegen sind oder – auf das Abgewöhnen des Zerrens bezogen – wenn wir den Hund nicht selbst führen.

17. Wie erwirkt man Leinenführigkeit?

Man läßt den Hund von selbst die Leine straffen und sich ins Halsband stemmen. Erst jetzt nimmt man ihn so kräftig wie möglich mit vollem Schwung zurück, läßt jedoch die Leine unverzüglich wieder locker, so daß sie durchhängt. Dabei hat man kein Wort gesagt. Das alles geschieht im Gehen mit dem Hund, und sofort nach dem Einwirken geht man auch im selben Tempo weiter. So lautet die Anweisung zu diesem Korrekturvorgang, der vom Laien leider oft mißverstanden wird. Worauf dabei noch genau zu achten ist, darüber werden wir hier noch berichten.

Oben: Links und rechts Zughalsbänder, die ungeeignet für Erziehung und Ausbildung sind. Hakt man sie nicht im Zugring ein, kann der Hund ausschlüpfen. Das normale Lederband in der Mitte ist wirksam und praktisch.
Unten rechts: So legt sich ein Kettenhalsband (aber auch ein ledernes Zughalsband) um den Hals des Hundes. Bis es anliegt, hat der Hund Zeit, sich auf die Einwirkung vorzubereiten.
Unten links: Haken wir mit dem Zugring zusätzlich ein Glied in den Karabiner der Leine ein (was beim ledernen Zughalsband nicht möglich ist), erfolgt die Einwirkung für den Hund unverzüglich und überrascht ihn.

18. Was tun, wenn der Hund kräftiger wird und an der Leine zu zerren beginnt?

Wir haben erklärt, wie man einen Junghund, der schon eine gewisse Kraft erreicht hat, dazu bringt, den Leinenbereich zu respektieren, anders ausgedrückt: nicht mehr an der Leine zu zerren. Dieser Erziehungsvorgang sei hier nochmals kurz beschrieben.
Stemmt sich der Hund spontan in die Leine – und erst dann! –, wird er kräftig zurückgenommen, wobei man die Leine gleich wieder locker läßt. Das tut man, ohne etwas zu sagen oder sich dabei zu erregen. Das tönt recht einfach, ist aber doch, wie die Erfahrung zeigt, für manche Hundebesitzer nicht ohne weiteres verständlich. Da nun der Erfolg auch hier von der Exaktheit der Durchführung der Korrektur abhängt, sei noch einiges genauer erklärt.

19. Mit der Leine selten, dann aber kräftig einwirken

Je weniger wir mit der Leine herumhantieren, daran ziehen oder zupfen, desto schneller wird der Hund später auch ohne Leine zu beeinflussen sein. Doch wenn wir mit der Leine einwirken, sollten wir dies mit voller Kraft und Konzentration tun. Der Karabiner darf dabei nicht am Zugring eines Würgehalsbandes eingehakt sein. Dies hat nämlich zur Folge, daß sich das Halsband zuerst straffen muß, bevor die eigentliche Einwirkung – das Zurücknehmen des Tieres – erfolgt. Es vergeht also Zeit vom Moment, da sich das Würgehalsband zusammenzuziehen beginnt, bis es satt um den Hals sitzt und der Leinenzug einsetzt. Diese Zeit genügt dem sehr schnell reagierenden Hund, sich einzustellen auf das, was kommt. Er strafft also seine Halsmuskulatur, die äußerst robust ist. Bald ist der Hund auf diese Weise so gut trainiert, daß ihm die Einwirkung nichts mehr ausmacht. Das ist schon schlimm genug, aber schlimmer noch ist etwas anderes. Nämlich, daß diese Voranzeige des Zurückgenommenwerdens den Hund ablenkt von dem, was er eigentlich anstrebt und was der Grund seines Nach-vorn-Drängens ist. Somit verknüpft er die Korrektur nicht mit dem Reizobjekt, und er ist außerstande zu merken, was wir ihm eigentlich abgewöhnen möchten. Damit er das kann, muß die Einwirkung überraschend kommen, und das gelingt nur, wenn wir nicht mit dem Zughalsband arbeiten.

Beispiel: Der Hund will, an der Leine geführt, plötzlich einen Jogger anspringen, weil dessen Bewegungen ihn dazu anregen. Er stemmt sich also in die Leine und wird nun unversehens hart zurückgezogen. Dadurch erlebt er, daß eine unangenehme Rückbeförderung erfolgt, wenn er einen Jogger angeht. Und daraus lernt er auf seine Weise, daß Jogger sehr unangenehm werden, wenn man ihnen entgegenspringt. Der Hund reagiert demnach nicht auf die Aktion des Besitzers und dessen Erziehungsabsicht. Dies setzt jedoch voraus, daß wir nicht durch Worte den Hund von seinem Erlebnis ablenken oder vergessen, die Leine sofort wieder locker zu lassen. Denn dann verknüpft der Hund sein Erlebnis nicht mehr mit dem Jogger, sondern mit unserer Person. Es heißt dann für ihn nicht mehr «Jogger sind unangenehm, wenn man auf sie losgeht», sondern: «Wenn Jogger entgegenkommen, wird der Meister unangenehm». Es ist klar, daß der Hund dann freilaufend, oder von einer anderen Person an der Leine geführt, dennoch auf Jogger losgehen wird.

20. Wenn der Hund ohne äußeren Anlaß an der Leine zerrt

Ist es dem Hund ganz einfach zur schlechten Gewohnheit geworden, sich ständig in die Leine zu stemmen, sieht die Sache etwas anders aus. Auch jetzt warten wir ab, bis er sich von selbst so ins Halsband drängt (das ist das, was er fühlt) und damit die Leine gestrafft hat, bevor wir einwirken, ohne einen Ton von uns zu geben oder uns zu erregen. Erneut lassen wir die Leine sofort wieder lokker nach der Einwirkung. Der Hund lernt damit: Dränge ich mich ins Halsband, «fliege» ich zurück. Und mit seiner eigenen Aktion und dem damit in Verbindung stehenden Halsband verknüpft er sein unangenehmes Erlebnis.
Richtig ausgeführt, ist die Korrektur des Leinenzerrens – ob es der Hund nun aus schlechter Gewohnheit tut oder weil er auf ein ihn reizendes Objekt zugehen will – bei den meisten Hunden sehr erfolgreich. Nach einmaliger Ausführung beginnen sie den Leinenbereich zu respektieren. Und genau das ist es ja, was wir als Hundehalter erreichen müssen. Mit einem Hund, der den Leinenbereich respektiert, können wir uns gefahrlos im Straßenverkehr bewegen, auch wenn wir eine Einkaufstasche tragen. Sehr harte Hunde und solche, die durch das Fehlverhalten ihrer Besitzer

schon länger zum Zerren trainiert worden sind, werden allerdings mehrerer Einwirkungen bedürfen. Doch sollte man am gleichen Tag höchstens dreimal die Korrektur mit dem Zurückbefördern ausführen. Weiteres Zerren müssen wir danach hinnehmen, bis wir am folgenden Tag erneut korrigieren. Bleiben wir in diesem Sinne konsequent, wird jeder Hund nach einigen Tagen deutlich eine Hemmung erkennen lassen, sich ins Halsband und damit in die Leine zu stemmen.

21. Das Problem mit uneingeweihten Passanten

Auf Personen, welche die Situation nicht kennen, wirkt unsere Korrektur auf den Hund nicht selten unverhältnismäßig oder gar brutal. Deshalb sollte man nur dann korrigieren, wenn man unbeobachtet ist. Ein Jogger freilich wird unser Handeln verstehen und uns dankbar sein. Für jene Leser aber, die dies alles übertrieben finden sollten, sei nochmals auf das hingewiesen, was wir über die Technik der Korrektur beim Hund gesagt haben. Nämlich, daß zu schwaches Einwirken am Anfang, das dann allmählich gesteigert wird (weil der Erfolg nicht eintritt), den Hund am Ende zu einem notorischen Leinenzerrer werden läßt, der kaum noch zu korrigieren ist. Man ist dann gezwungen, mit einer Härte vorzugehen, die nicht nötig gewesen wäre, wenn wir anfangs nicht zu zimperlich gehandelt hätten. Und sie mögen bedenken, daß ein unverbesserlicher Zerrer seine Besitzer ernstlich gefährdet. Jedes Jahr werden Hunde weggegeben oder abgetan, weil man glaubt, ihnen diese Untugend nicht mehr abgewöhnen zu können. Ein seriöser Fachmann könnte aber noch Hilfe bringen, sofern er mit der Einsicht und der Unterstützung der Besitzer rechnen darf.

22. Das Herbeirufen des Hundes

Wir haben gezeigt, wie der gemeinsame Spaziergang den Kontakt fördert, wie wir uns bei Begegnungen mit andern Hunden verhalten sollten und wie der Hund zur Leinenführigkeit gebracht werden kann. Dabei wurde auch mehrfach das Abrufen und das Herbeikommen dargelegt. Meistens funktioniert dies beim Junghund längere Zeit recht gut, und man schenkt diesem wichtigen Punkt der Erziehung nicht mehr allzugroße Beachtung. Wird aber der Hund älter, wird er auch sicherer und selbständiger, und plötzlich stehen wir vor der Tatsache, daß er nur noch schwer abzurufen ist. Das wäre an sich nicht schlimm, doch wenn wir uns jetzt nicht die Mühe nehmen, das Herbeikommen fachgerecht neu aufzubauen, nämlich so, daß der Hund begreifen kann, was wir von ihm verlangen, wird später unser erwachsener Hund sich nicht mehr in erwünschter Weise abrufen lassen. Das ist mehr als unangenehm, denn das, was man Appell nennt – eben jenes auf einen Ruf hin sogleich erfolgende Herbeikommen – wirkt sich auf alles andere aus, was wir vom Hund an Einordnung verlangen. Es lohnt sich also, in dieser Beziehung nochmals überlegt und konzentriert auf den Hund einzuwirken, statt alle guten Vorsätze zu vergessen und mit mehrmaligem lautem Rufen den Hund zum Herankommen veranlassen zu wollen. Genau damit verlieren wir zunehmend den guten Kontakt zum Hund, der ihn bisher so fügsam hat erscheinen lassen. (S. auch «Abrufübung» Seite 84)

23. Konsequenz bedeutet: Stets gleichförmig handeln

Was immer wir mit dem Hund üben, sollten wir auch in die Praxis des Alltags übertragen und dort exakt ausführen. Die allerbeste Gelegenheit dazu bietet der tägliche Spaziergang. Hier wird zwar dem Hund große Freiheit eingeräumt, doch zwischendurch sollten kurze Gehorsamsübungen eingefügt werden. Das soll aber kein Muß sein, weder für den Hund noch den Besitzer. Beide sollen sich freuen, gemeinsam etwas zu tun. Gehen wir mit der notwendigen Genauigkeit, aber auch mit großer Gelassenheit vor, wird dies bald erreicht sein.
Erreichen wir das Spaziergelände, sei es mit dem Wagen, sei es zu Fuß, empfiehlt es sich, den noch angeleinten Hund korrekt zum Sitzen zu bringen. Jetzt erst leinen wir ihn ab, wobei wir dafür sorgen, daß er noch sitzen bleibt. Erst nach einer Pause und nachdem wir die Leine umgehängt oder in die Tasche gesteckt haben, muntern wir den Hund zum Freilaufen auf. Sehr bald wird er sich daran gewöhnt haben, sitzen zu bleiben und uns aufmerksam anzublicken, bis das erlösende Wort «frei» oder «geh, lauf» über unsere Lippen kommt. Nun flitzt er freudig weg, und wir überlassen ihn seinen Entdeckungen und Erlebnissen. Wir selbst gehen erst

dann von der Stelle, wenn er uns auf die beschriebene Weise verlassen hat.
Eigenartigerweise hängt das Wegflitzen vom Besitzer auf dessen leise gesprochenes Hörzeichen hin ganz eng mit dem Herbeikommen auf einmaligen Ruf hin zusammen. Vermutlich deshalb, weil in beiden Fällen der gute Kontakt zwischen Führer und Hund entscheidend ist. Jedenfalls ist es so, daß Hunde, die sich freudig vom Meister lösen, ebenso freudig zu ihm zurückkehren. Grundsätzlich sollten wir den Hund beim Spazieren nur dann herbeirufen, wenn wir wirklich bereit sind, ihn korrekt bei Fuß zu nehmen, bevor wir ihn wieder freigeben. Ihn bei jeder Gelegenheit zu rufen, wo er uns etwas zu weit entfernt scheint, ihn aber dann doch nicht bei Fuß zu nehmen, ist eine der häufigsten Untugenden der Hundehalter. Damit wird der Einfluß auf den Hund abgebaut. Ebenso schädlich ist es, den Hund nur dann zu rufen, wenn man irgendeine Gefahr wittert. Beispiele dafür: Es erscheint ein großer Hund auf der Bildfläche, von dem wir befürchten, daß er unseren Liebling anfällt. Oder es taucht ein Jogger auf, und wir haben Angst, unser Johnny werde ihm nachrennen. So behandelt, wird unser Hund in kurzer Zeit merken, daß beim Ertönen unseres Rufes etwas vorgeht, das ihn mächtig interessieren könnte. Er wird folglich nicht herbeikommen, sondern auf der Stelle verharren und sich mit Auge und Ohren darüber orientieren, was denn diesmal der Grund unseres Rufes sein könnte. Auf diese Weise empfindet der Hund unseren Ruf bald nicht mehr als Aufforderung zum Herbeikommen, sondern vielmehr als die Meldung, daß irgend etwas Aufregendes los ist im näheren Umkreis. «Paß mal auf, da kommt etwas!» könnte man seine Empfindung vermenschlichend übersetzen.

24. Abrufübungen einschalten

Um nun diesem höchst unangenehm sich auswirkenden Mißverständnis vorzubeugen, oder um es – wenn einmal entstanden – wieder zu beheben, gibt es ein sehr einfaches Mittel: Man baut pro Spaziergang eine bis höchstens drei Abrufübungen ein in einer Situation, wo wir gar keinen konkreten Grund haben, ihn herbeizunehmen. Man hält dazu an und läßt den üblichen Ruf ein einziges Mal ertönen. Kommt der Hund nicht, entfernt man sich und versteckt sich, falls dazu Gelegenheit geboten ist. Kommt der Hund dann heran, manipuliert man ihn wortlos in Sitzstellung neben unserem linken Fuß, richtet sich auf, wartet zwei Sekunden und lobt ihn schließlich angemessen. Dabei hat er in Sitzstellung zu verharren. Tut er das nicht, sagen wir in ruhigem Ton «nein» (mehr zu sagen oder gar zu schimpfen wäre falsch), manipulieren ihn erneut in Sitzstellung, richten uns wieder auf und loben ihn am Ende kurz. Erst nach einer kleinen Wartezeit geben wir ihn in derselben Weise frei, wie dies am Anfang des Spazierganges geschehen ist. Jetzt flitzt der Hund erregt davon, die Abrufübung ist beendet und der Spaziergang wird fortgesetzt. Bevor wir jeweils das Spaziergelände verlassen, rufen wir den Hund genauso ab, wie es oben beschrieben wurde. Erst wenn er neben uns sitzt und wir ihn gelobt haben, leinen wir ihn an, wobei er wiederum in Sitzstellung zu verharren hat. Aufstehen soll er erst auf unser «komm» hin, das wir kurz vor dem Angehen aussprechen. So treten wir den Heimweg an, und ebenso bringen wir ihn mit Vorteil auch zum Wagen. Damit beugen wir der Untugend mancher junger Hunde vor, sich in der Nähe des Fahrzeuges nicht mehr abrufen zu lassen, weil dieses Ding auf vier Rädern sie nachhause bringt, wo sie doch so gerne noch hier geblieben wären, wo es sich so wunderschön herumtollen läßt. In Kapitel VI, Seite 84 ist der stufenweise Aufbau des Abrufens zum Selbermachen detailliert dargestellt.

Kapitel VI
Die drei Grundübungen

Hier fassen wir nun ganz kurz das Wesentliche der Grunderziehung zusammen. Dies als Vorlage zum Selbermachen. Wer die drei Grundübungen gemäß der hier folgenden schematischen Darstellung wöchentlich drei- bis fünfmal während nur fünf bis höchstens zehn Minuten exakt durchführt, hat in wenigen Monaten einen Hund, von dem die Leute sagen: «Ist das ein intelligenter und folgsamer Hund!» Dabei haben sich die Besitzerin oder der Besitzer nur so verhalten, daß der Hund sie verstehen konnte. Dazu gehört auch, daß man nicht befiehlt, sondern den Hund daran gewöhnt, auf bestimmte Hörzeichen etwas Bestimmtes zu tun. Dazu gehört weiter, daß man dem Hund nicht übel nimmt, wenn er einmal unerwünscht reagiert, sondern ihn nach einem ruhig gesprochenen «Nein» wortlos korrigiert.

1. Gehen – Wenden – Anhalten – Setzen (Grundübung I)

BEIM GEHEN marschieren wir zügig in gerader Richtung.
Die Leine wird am äußersten Ende mit der rechten Hand gehalten, der Hund befindet sich an unserer linken Seite. So wird der Hund bei den Rechtsumkehrt-Wendungen mitgenommen. Wir bleiben bei alledem stumm, damit sich der Hund bald an unserer Bewegungsweise orientiert und uns von selbst nachfolgt.
Die Leine soll nach Möglichkeit immer locker durchhängen.
Folgt uns der Hund aufmerksam nach, beginnen wir mit dem ANHALTEN und SETZEN gemäß der untenstehenden Bildfolge.

Bild Nr. 1
Wortlos, geradlinig und zügig gehen, ohne den Hund zu beachten

Bild Nr. 2
Auf einem Punkt wenden, ohne den Hund anzublicken oder die Leine kürzer zu nehmen. Dann geradlinig zurückgehen. Dies mehrmals wiederholen.

Sobald der Hund uns gut folgt, wobei die Leine immer locker zu bleiben hat, leiten wir das Anhalten wie folgt ein:

Bild Nr. 3
Leine senkrecht stark anheben und Schritt verlangsamen ...

Bild Nr. 4
... bis zum Stillstand. Setzt sich der Hund von selbst, aufgerichtet und entspannt zwei Sekunden warten. Dann erst zu Bild (5) auf Seite 79 übergehen –

Bild Nr. 4A
Falls der Hund sich nicht hinsetzt, bleibt die Leine straff gespannt und wird von der rechten Hand übernommen. Mit der linken Hand Kruppe des Hundes antippen, bis er sich setzt. Dann sich aufrichten und warten.

Bild Nr. 4B
SITZT DER HUND SCHRÄG, bleibt die Leine ebenfalls straff angehoben und wird von der rechten Hand übernommen. Mit der linken Hand wird der Hund herangezogen und parallel gestellt. Jetzt sich aufrichten und warten.

Bild Nr. 5
Nach der Pause von 2 Sekunden Leine sacht zu senken beginnen, und gleichzeitig das Hörzeichen SIIITZ gedehnt und freundlich sprechen.

Bild Nr. 6
Zwei Sekunden aufgerichtet und entspannt warten.

Bild Nr. 7
Loben mit BRAV SITZ. Bleibt der Hund nicht sitzen, ist er gemäß den Bildern (4), (5) und (6) erneut in Sitzstellung zu bringen und wiederum zu loben.

Bild Nr. 8
Nach dem Lob aufrichten und entspannt zwei Sekunden warten. Danach nach KOMM weitergehen.

Man beachte: Gehen-Wenden-Anhalten-Setzen soll jede andere Übung einleiten. Es läßt sich dies aber mit Vorteil auch *in der Alltagspraxis üben*. So vor wie nach jedem Straßenübergang, vor dem Ein- und Aussteigen beim Auto, aber auch zu Beginn und am Ende jeder Treppe. Ebenso empfiehlt es sich, den Hund vor Türen und Toren auf diese Weise zum Sitzen und Verharren zu bringen. Und stets soll man genau nach dem hier dargestellten Schema vorgehen, bis der Hund die Übung praktisch von selbst ausführt.

Im Verkehr zweier wesenssicherer Hunde spielt das Größenverhältnis eine untergeordnete Rolle. Sie passen sich kräftemäßig an.

Bei Begegnungen verhalten sich die meisten Hunde interessiert aber friedlich, solange sich die Besitzer nicht einmischen. Und kommt es einmal zur Rempelei, ist der Schaden nicht groß. Hunde, die nicht vom Menschen verdorben werden, sind keine Killer.

Die Leine hängt immer durch

Der Hund wird nur beim Loben angeblickt.

Erst wenn der Hund die Übung Gehen-Wenden-Anhalten-Setzen sicher ausführt, beginnen wir mit der Bleib-Übung gemäß der nun hier folgenden Anleitung.

2. Die Bleib-Übung (Grundübung II)

Die Bleib-Übung fördert die Verständigung zwischen dem Besitzer und seinem Hund. Auch läßt sie den Besitzer deutlich erkennen, was Konsequenz im Umgang mit dem Hund bedeutet.
Selbst wenn der Hund zu Beginn ständig unerwünscht reagiert und beispielsweise zehnmal neu begonnen werden muß (was wirklich vorkommt), soll der Besitzer ruhig und gelassen bleiben. Sein Vorgehen muß stets gleichbleibend verlaufen. Dadurch merkt der Hund bald, was man von ihm verlangt. Er wird aufmerksam und sicher.
Am besten faßt der Besitzer die Bleibübung als Entspannungsübung für sich selbst auf. Dann wird er sich über Fehler des Hundes nicht ärgern, sondern freuen. Denn jetzt kann er ruhig das Hörzeichen NEIN geben und die Übung neu beginnen. Der Hund merkt nach einiger Zeit, daß auf das NEIN immer eine Korrektur erfolgt. So ist er nach dem ruhig gesprochenen NEIN besonders ansprechbar, ganz gleich unter welchen Bedingungen wir ihm die-

ses Hörzeichen geben, und er reagiert auf die vorzunehmende Korrektur positiv.
Man darf den Hund nicht überfordern. Die Bleib-Übung ist deshalb anfänglich höchstens zweimal täglich während fünf Minuten durchzuführen. Mit Vorteil immer an ein und derselben Stelle der üblichen Spazierstrecke, wo man ungestört ist.

Die Ausgangsposition stets gemäß GRUNDÜBUNG I einnehmen. Die Leine bleibt in der rechten Hand und wird nie gestrafft.

Die linke Handfläche vorhalten, gleichzeitig BLEIB sprechen. Hand sofort wieder wegnehmen.

Aufgerichtet und entspannt zwei Sekunden warten. Diese und alle andern Pausen sind wichtig, weil sie dem Hund helfen zu merken, was man von ihm will.

Entschlossen vor den Hund treten, nie zögernd. Bleibt er nicht sitzen: ruhig NEIN sagen und gemäß GRUNDÜBUNG I die Ausgangsposition erneut einnehmen.

Ruhig und entspannt vor dem Hund warten, ohne ihn anzublikken. Die Wartezeit soll unterschiedlich lange dauern.

Nach angemessener Wartezeit die linke Handfläche vorhalten bei gleichzeitigem Hörzeichen BLEIB. Hand gleich wieder weg.

Nach zwei Sekunden Pause entschlossen an die Seite des Hundes zurücktreten.

Zwei Sekunden ruhig und entspannt neben dem Hund warten.

Loben mit BRAV BLEIB und wieder aufrichten. Hebt der Hund ab, ist die Bleib-Übung aus der Ausgangsstellung zu wiederholen.

Ruhig und entspannt nochmals zwei Sekunden warten. Sitzt der Hund immer noch, ist die Bleib-Übung beendet.

3. Die Abrufübung (Herbeikommen) (Grundübung III)

Will man den jungen Hund bald mit Sicherheit herbeirufen können, kann man dies mit der mehrmals exakt durchgeführten Abrufübung in den meisten Fällen erreichen. Denn mit dieser Übung lernt der Besitzer, wie er sich grundsätzlich verhalten muß, damit der Hund merken kann, was von ihm verlangt wird. Auch hier sind Exaktheit und Gleichförmigkeit im Vorgehen für den Erfolg entscheidend, mit anderen Worten: Konsequenz und Geduld. Wir arbeiten mit einer Hilfsperson, die dem Hund nicht allzu vertraut sein sollte. Am besten suchen wir uns eine Stelle aus, die kanalisierend wirkt, einen Waldweg etwa oder ein Sträßchen zwischen Böschungen. Auch sollte der Ort wenig Ablenkung bieten, also nicht stark begangen sein.

Die Hilfsperson hält den Hund zurück, während wir uns wortlos auf etwa 30 m entfernen. Die Leine führen wir in der Tasche oder umgehängt mit.

Wir halten an und wenden uns in Richtung Hund um, bleiben bewegungslos stehen, wobei wir langsam und stumm auf zwanzig zählen.

Auf unseren einmal zu gebenden Ruf KOMM (ohne Bewegung verharren) gibt die Hilfsperson den Hund frei, er eilt auf uns zu.

Normalerweise rennt der Hund an uns vorbei, dennoch bleiben wir wie zuvor bewegungslos stehen.

Nun kehrt der Hund fast immer zu uns zurück. Sobald er greifbar ist, erfassen wir ihn am Halsband.

Jetzt heben wir wie bei der Grundübung I das Halsband an und bringen ihn wie dort zum Sitzen, wonach wir uns aufrichten nach SIITZ.

So verbleiben wir während zwei Sekunden. Hebt der Hund ab: NEIN und erneutes Zum-Sitzen-Bringen nach Grundübung I

Erst nach der Pause loben wir den Hund unter BRAV KOMM und richten uns wieder auf.

Erneut warten wir ruhig und entspannt zwei Sekunden.

Danach leinen wir den Hund an und richten uns wieder auf. Die Leine soll wie immer locker durchhängen.

Nochmals warten wir danach zwei Sekunden. Sollte der Hund abheben, ertönt unser NEIN, und wir bringen ihn gemäß der Grundübung I zum Sitzen.

Bevor wir nun weitergehen, lassen wir den Hund unser KOMM oder FUSS hören. Dann marschieren wir wie bei der Grundübung I entschlossen los.

4. Praktische Anwendung der Grundübungen beim Spaziergang

1. Ich erreiche das Gelände mit dem angeleinten Hund. Wo ich ihn freilaufen lassen kann, setze ich ihn gemäß der Grundübung I hin. Nach der vorgeschriebenen Pause leine ich ihn ab, wobei er bei mir sitzen bleibt (ansonsten: NEIN – und Wiederholung). Ich betätige einige Male den Karabiner, damit er sich daran gewöhnt, daß das dabei ertönende «Klick» kein Zeichen zum Freilaufen ist. Dann hänge ich die Leine um, oder ich stecke sie in die Tasche und warte erneut entspannt neben dem sitzenden Hund. Normalerweise blickt mich jetzt der Hund erwartungsvoll an, und es genügt, ihn mit dem leise gesprochenen Hörzeichen «FREI» oder «GEH LAUF» zum Wegrennen zu veranlassen.

2. Unterwegs rufe ich den Hund stets nur dann, wenn ich ihn wirklich korrekt an meinem linken Fuß in Sitzstellung nehmen will. Dann leine ich ihn an, oder ich ermuntere ihn wie zuvor zum Freilaufen.

3. Beim Abrufen gehe ich immer genau gleich vor, indem ich nur einmal rufe und – wenn er nicht kommt – mich abwende und weggehe, allenfalls auch verstecke. Ich rufe ihn aber nur dann, wenn nicht starke Ablenkung seine Reaktion verhindert. Befindet sich der Hund in größerer Distanz, trete ich nach dem Ruf, sobald mich der Hund anblickt, zwei Schritte zur Seite, damit er mich anhand meiner Bewegungsweise sicher erkennen kann. Beim Herankommen des Hundes gehe ich stets genau nach der Grundübung III vor.

4. Die Bleib-Übung (Grundübung II) kann und soll auf dem Spaziergang einmal geübt werden. Aber nur dann, wenn man sich entspannt fühlt und damit auch zu konzentriertem und exaktem Vorgehen fähig ist. Mit Vorteil läßt man auch jetzt die Grundübung I (Gehen-Wenden-Anhalten-Setzen) vorausgehen, der Hund wird dann sehr aufmerksam sein. Wählt man zum Durchführen der Bleib-Übung immer dieselbe geeignete Stelle auf der Spazierstrecke, wird der Hund dort besonders freudig und aufmerksam arbeiten.

*5. **Variationen der Bleib-Übung*** sollten erst dann durchgeführt werden, wenn die Grundform sicher klappt. Bei allen Variationen ist darauf zu achten, daß nach jeder Zeichengebung vor dem Handeln bzw. bevor man sich bewegt, eine Pause von zwei Sekunden einzuschalten ist. Niemals darf man Hör- und Sichtzeichen geben, während man sich schon oder noch bewegt. Denn unsere Körperbewegung vermittelt dann dem Hund eine Menge weiterer Signale, die es ihm außerordentlich schwierig machen zu erkennen, was wir genau von ihm verlangen.

Erste Variation: Ich stehe vor dem Hund, gebe das «BLEIB» (Hörzeichen verbunden mit dem Sichtzeichen der Handfläche) und lege nach einer Pause das Leinenende sorgfältig auf den Boden. Die Leine liegt nun ausgestreckt vor dem Hund. Danach erhebe ich mich, und warte entspannt, wobei ich den Hund nicht anblicke, sondern über ihn hinweg schaue. Die Dauer des Wartens variiere ich nach Ermessen und Belieben. Vor dem Aufnehmen der Leine erfolgt mein «BLEIB», dann die Pause und erst jetzt das Aufheben. Nun setze ich die Bleib-Übung wie sonst fort.

Zweite Variation: Habe ich die Leine gemäß der ersten Variation auf den Boden gelegt (nie fallen lassen), lasse ich nach der Pause erneut mein «BLEIB» hören und sehen, wende mich nach der obligaten Pause um und entferne mich auf eine angemessene Distanz. Das tue ich entschlossen und ohne mich umzublicken. Dort wende ich mich wieder dem Hund zu und schalte eine zu variierende Wartezeit ein, wobei ich nicht den Hund fixiere, sondern entspannt ins Gelände blicke. Danach erfolgt mein «BLEIB», dann die bekannte Pause, und jetzt trete ich wieder zügig und entschlossen vor den Hund. Es folgt alles weitere gemäß der ersten Variation.

Dritte Variation: Nachdem ich mich gemäß Variation zwei vom Hund entfernt habe, kann ich mich irgendwo hinsetzen (Bank, Baumstrunk etc.) und hier warten, wobei ich auch etwas zum Lesen aus der Tasche nehmen kann. Doch vor dem Hinsetzen sage ich wiederum «BLEIB» verbunden mit dem Handzeichen, lege eine Pause ein und nehme Platz. Vor dem Aufstehen erfolgt ebenfalls noch aus der Sitzstellung mein «BLEIB», danach die Pause. Jetzt erhebe ich mich, warte kurz, gebe das «BLEIB» und gehe nach

der üblichen Pause zum Hund zurück. Das weitere führe ich gemäß Variation zwei aus. Es ist von Vorteil, wenn ich mir weitere Variationen einfallen lasse, so etwa indem ich mich nach dem Entfernen vom Hund verstecke.
Sobald die Grundform der Bleib-Übung sicher sitzt, kann ich selbstverständlich mit dem abgeleinten Hund arbeiten.

6. Verlassen des Freilaufgeländes bedeutet, daß ich den Hund ebenfalls genau nach der Grundübung III herbeirufe, zum Sitzen veranlasse und an die Leine nehme, oder ihn vor dem Besteigen des Wagens zum Sitzen und Bleiben veranlasse (siehe Seite 112).

7. Auch in der Praxis des Alltags sollte man alle Grundübungen stets gleichförmig und exakt ausführen. Habe ich mich einmal daran gewöhnt, wird es mir und damit auch dem Hund zur Selbstverständlichkeit. Und so bleibt der Hund auf ganz natürliche Weise unter meinem Einfluß und meiner Kontrolle. Es ist eben wichtig, daß ich das, was grundsätzlich gelernt und geübt wird, auf die Vorgänge im alltäglichen Leben übertrage. Damit erübrigen sich bald die eigentlichen Übungen, da diese nun ständig in Anwendung erfolgen.
Bin ich es einmal müde geworden, immer derart konsequent vorzugehen, wird der Hund früher oder später weniger exakt reagieren. Das ist nicht schlimm. Treibt er es nämlich zu weit oder gerät er deutlich aus der Kontrolle, fange ich mit den Grundübungen ganz von vorn an, und im Handumdrehen ist der Zustand genauer Folgsamkeit wieder erreicht.

Kapitel VII

Unerwünschtes Verhalten – wie korrigieren?

Schwierigkeiten mit dem Hund treten als ***Unarten*** (z. B. Anspringen von Personen) oder als ***Verhaltens-Schwächen*** (z. B. allgemeine Ängstlichkeit) auf. Aber auch das ***Fehlen einer Eigenschaft,*** die der Besitzer vom Hund eigentlich erwartet (z. B. Wachsamkeit), kann Enttäuschung bereiten.
Entstanden ist dieses unerwünschte Verhalten entweder aus dem Fehlverhalten der Besitzer selbst oder aus der mangelnden Förderung bei der Aufzucht in den ersten zwölf Lebenswochen. Seltener liegt der Grund in einer ererbten Fehlanlage des Hundes, so etwa bei genetisch bedingter Überschärfe oder genereller Schreckhaftigkeit. Landläufig wird all dies als Untugend oder Unart bezeichnet. Wir sollten jedoch im Hinblick auf unser korrigierendes Vorgehen diese Dinge auseinanderhalten.

1. Das Verleiden einer Unart

Wir sollten es akzeptieren: Unser Hund befindet sich seinem ganzen Wesen nach jenseits von Gut und Böse. Tut er etwas, das wir nicht tolerieren oder verantworten können, so müssen wir natürlich eingreifen. Aber er tut dies niemals aus Böswilligkeit oder aus Trotz, um uns zu ärgern, sondern weil seine Entwicklung und das ihn umgebende Umfeld – wozu auch wir gehören – ihn zu diesem unerwünschten Verhalten veranlaßt haben. Ihn zu strafen, wäre demnach sinnlos und könnte von ihm auch gar nicht verstanden werden. Es ist für den Hund ganz unmöglich zu denken: «Ich habe Schelte gekriegt (oder bin geschlagen worden), weil ich dies oder das getan habe.» Was ihn hingegen von einer unerwünschten Handlung abbringen kann, ist eine korrigierende Einwirkung in jenem Augenblick, da er diese Handlung ausführt oder da er sich eben dazu anschickt. Es ist nun so, daß unser Einwirken um so mehr Erfolg hat, wenn wir es überlegt und völlig frei von ärgerlicher oder zorniger Erregtheit tun. Der Hund spürt nämlich als sensibles Lebewesen unser Erregtsein sogleich, und er bezieht nun den Vorgang auch auf unsere Person. Bleiben wir dagegen sachlich und ruhig, bezieht er das Ereignis der Korrektur voll und ganz auf die ihm zu verbietende Handlung, die ihm dadurch im wahren Sinn des Wortes verleidet wird.

Es gibt Verhaltensregeln für unser korrigierendes Einwirken, und wir fassen diese hier kurz zusammen.

1. Überlegt, gezielt und innerlich ruhig dann einwirken, wenn der Hund die Absicht erkennen läßt, die zu verbietende Handlung zu vollziehen. Spätestens aber dann, wenn er damit beginnt. Beispiel: Er nähert sich den Teppichfransen, um daran zu kauen. Bevor er diese faßt, klatscht die Zeitung vor ihm auf den Teppich (nicht erst, wenn er schon genüßlich daran nagt). Wird ein Hund mitten in der Ausführung einer unerwünschten Handlung korrigiert, ist der Erfolg gering. Besser nimmt man ihn dann wortlos weg und wartet ab, bis er dieselbe Handlung erneut beginnen möchte.

2. Die korrigierende Einwirkung muß so stark sein, daß der Hund sie nicht als Spiel oder als bloße Unannehmlichkeit auffaßt, die ihm den abzugewöhnenden Vorgang nicht zu verleiden vermag. Wirken wir zu schwach ein, bestärken wir den Hund in seinem Vorhaben.

3. Wenn möglich sollte unsere Korrekturmaßnahme in bezug zum unerwünschten Verhalten des Hundes stehen. Das heißt, drängt sich der Hund stürmisch aus der halb geöffneten Wagentür, wird ihn ein noch so lautes «Pfui!» weniger beeindrucken als die Türe selbst, wenn sie ihm an die Schnauze geschubst wird. Es ist dann diese Tür, vor der er künftig (selbst in unserer Abwesenheit) Respekt hat, und damit gibt er das höchst gefährliche Hinausdrängen aus dem Auto auf und wartet unser «Komm raus» ab.

4. Am wirksamsten ist eine Korrektur dann, wenn sie für den Hund wie aus heiterem Himmel erfolgt. Beispiel: Er tritt wieder einmal in die ihm verbotene Küche. Schelten wir, oder bedrohen wir ihn, zieht er sich vielleicht zurück, ist aber nicht nachhaltig beeindruckt. Lassen wir jedoch ein dazu bereitgelegtes Schneidebrett mit einem geschickten Stoß vor ihm auf den Boden knallen, ist er mit einem Sprung draußen und betrachtet uns verstört, da wir nun tun, als sei überhaupt nichts geschehen. Die damit etablierte Hemmung funktioniert dann auch, wenn wir uns nicht in der Küche befinden.

5. Eine einmal ausgeführte Einwirkung ist nur bedingt wiederholbar. Der Hund beobachtet sehr genau und wird bald auszuweichen wissen. Wir sollten demnach die Art des Einwirkens stets zu variieren versuchen.
6. Ist der Hund nach erfolgter Einwirkung erschrocken und ängstlich, dürfen wir nicht vor lauter Mitgefühl mit ihm beruhigend zu sprechen beginnen, wie man dies etwa mit einem Kind tut. Denn eine solche Zuwendung wirkt auf den Hund wie ein Lob und schwächt in den meisten Fällen die Korrektur bis zur Erfolglosigkeit ab. Es ist somit eine längere Pause einzuschalten, bevor wir uns dem Hund in irgendeiner Weise wieder zuwenden. Beim jungen Hund wird man mit Vorteil eine oder zwei Minuten warten, um dann mit ihm kurz zu spielen oder etwas anderes zu tun, das in keinem Zusammenhang mit der abzugewöhnenden Untugend steht.

2. Korrektur und Lob

Wir sehen, daß ein im falschen Augenblick gegebenes Lob unsere Bemühungen um die Erziehung des Hundes zunichte machen kann. Dasselbe geschieht, wenn wir bei Verhaltensschwächen des Hundes so reagieren, daß sich der Hund noch für sein Versagen gelobt fühlt. Er verhält sich dann zunehmend so, wie wir es nicht haben möchten. Deshalb sei hier nun Grundsätzliches zum Vorgang des Lobens dargelegt und mit dem Korrigieren in Beziehung gebracht. Es geht darum, daß wir lernen, den Hund ebenso gezielt zu loben, wie wir ihn gezielt korrigieren.
«Man kann seinen Hund nicht genug loben». Dieser Satz steht in manchem Hundebuch gedruckt, und er wird als allgemeine Regel von Übungsleitern mündlich an Hundebesitzer weitergereicht, die sich über Erziehung und Ausbildung ihres Vierbeiners beraten lassen. Aber die Erfahrung zeigt, daß auch zuviel und vor allem im falschen Moment gelobt wird. Auch ein Lob sollte so abgegeben werden, daß es vom Hund verstanden werden kann. Das heißt, er sollte es mit jenem Vorgang in Zusammenhang bringen können, der gelobt zu werden verdient. Das ist nicht selbstverständlich. Oft wird dermaßen konfus gelobt, daß ein ganz unerwünschter Vorgang vom Hund mit dem empfangenen Lob verknüpft wird. Als Beispiel sei jener Hund erwähnt, der seinem Meister allmorgend-

lich die Zeitung von der Haustürschwelle apportierte. Er setzte sich damit vor den im Pyjama unter der Wohnungstür stehenden Chef, der ihm das Leibblatt aus dem Fang nahm. Daraufhin pflegte der Hund am Meister hochzuspringen. Dies tat er in jenem Augenblick, als der Meister ihn mit «brav hast du mir das gemacht, brav ...» lobte. Nach einiger Zeit wunderte sich der Besitzer, warum sein Hund so oft und hartnäckig an ihm und anderen Leuten hochsprang. Keine Strafe vermochte ihn mehr davon abzubringen. Erst die Besprechung des ganzen Tagesablaufes brachte die Ursache dafür ans Tageslicht. Nun wurde der Hund bei der Übergabe der Zeitung gelobt, solange er diese noch im Fang hielt. Damit verknüpfte er das Sich-Hinsetzen mit dem Lob. Und das nachträgliche, zur festen Gewohnheit gewordene Hochspringen wurde verhindert, indem der Besitzer den Hund am Halsband faßte, bevor er ihm die Zeitung abnahm, wonach er ihn jeweils auf seinen Platz führte und ihm dort noch ein Biskuit verabfolgte. Bald erübrigte sich das Führen am Halsband, da der Hund nach dem Ausgeben der herbeigebrachten Zeitung sogleich an seinen Schlafplatz drängte, wo ihn der Leckerbissen erwartete. Er wurde nun zweimal gelobt: Einmal für das Sich-Niedersetzen vor dem Meister, einmal für das Einnehmen des Platzes. Das konnte er verstehen. Und nachdem er nun nicht mehr täglich in der Frühe irrtümlicherweise fürs Hochspringen gelobt wurde, ließ sich diese Untugend ohne große Schwierigkeiten auch in andern Situationen tagsüber verhindern.

Handlungen, die als Lob empfunden werden

Manche unserer Handlungen werden vom Hund als Lob empfunden, ohne daß wir uns dessen immer bewußt sind. So etwa das Öffnen der Wagentür und damit Freilassen des Hundes im Spaziergelände. Der Hund wird damit für sein Verhalten im Wagen gelobt. Solange nun dieses Verhalten ruhig ist, bleibt alles in Ordnung. Anders, wenn der Hund beispielsweise laut zu winseln und zu bellen beginnt, sobald wir uns dem ihm vertrauten Freigelände nähern. Wer nun dem Hund möglichst rasch die Tür öffnet, um endlich den Lärm los zu sein, macht einen gravierenden Fehler: Er lobt den Hund für sein ungehöriges Benehmen im Wagen. Er sollte den Hund erst aus dem Wagen lassen, wenn er sich beruhigt hat. Das ist jedoch kaum noch möglich, wenn man den Hund längere Zeit auf die beschriebene Weise zum Bellen bei der Ankunft

auf dem Parkplatz geradezu dressiert hat. Hingegen kann man etwas erreichen, wenn man einige Male am bewußten Parkplatz vorbeifährt, bis der Hund den Lärm schließlich einstellt. Oder indem man aus einer andern als der gewohnten Richtung den Platz zu erreichen sucht. Oder indem man vorübergehend überhaupt jenen Parkplatz meidet und an einer dem Hund weniger bekannten Stelle anhält. Jetzt wäre der Hund noch einige Zeit im Wagen zu belassen. Öffnet sich die Tür erst nach einigen Sekunden ruhigen Verhaltens, so verknüpft der Hund das damit verbundene Lob eben für das nunmehr in erwünschter Weise erfolgte Verharren.
Besonders bei temperamentvollen Hunden ist es unerläßlich, mit dem Lob wie mit der Korrektur sehr folgerichtig umzugehen. Rufen wir beispielsweise den Hund herbei und loben ihn, sobald er nur herangekommen ist, indem wir uns zu ihm herabbeugen und ihn tätscheln, wird ein Hund mit Temperament früher oder später gar nicht mehr bei uns bleiben, sondern gleich wieder davoneilen. Loben wir ihn dagegen erst, wenn wir ihn zur Seite genommen und zum Sitzen gebracht haben und nachdem wir uns selbst wieder aufgerichtet haben (womit erst die erwünschte Schlußposition des Herbeikommens erreicht ist), dann laufen wir nicht die Gefahr, daß unser Hund sich mehr und mehr unserem Einfluß entzieht. Der Hund verbindet nämlich auf diese Weise das Lob mit dem ruhigen Sitzenbleiben an der Seite des Besitzers (dazu Seite 87: Abrufübung). Aber in diesem Moment des Vorganges kommt noch etwas sehr Wichtiges hinzu, das wiederum zu einem Mißverständnis führen könnte.

Lob darf nicht «Feierabendsignal» sein

Selbst wenn unser Hund sich, wie oben beschrieben, nach dem Abrufen brav neben uns hinzusetzen pflegt, können wir ihn mit überschwenglichem Lob in kurzer Zeit wieder von seinem erwünschten Verhalten abbringen. Allzu spontanes Lob regt ihn in fast unwiderstehlicher Weise zum Wieder-Aufspringen an. Wird ihm dies nur einmal ohne Korrektur durchgelassen, so droht sich sein Verständnis für das, was ein Lob bedeuten sollte, aufzulösen. Er bringt es gar nicht mehr mit einem eben durchgeführten Vorgang in Verbindung, sondern empfindet es als das, was man bezeichnenderweise als «Feierabendsignal» bezeichnet. Das überträgt sich dann unerhört schnell auf jede andere Situation, wo gelobt wird, und damit gerät der Hund außer Kontrolle. Deshalb

ist gerade beim relativ einfachen Vorgang des Hinsetzens darauf zu achten, daß der Hund während und nach dem erteilten Lob sitzend verharrt. Tut er dies nicht, bringt man ihn unter «nein» wieder in Sitzstellung und lobt ihn erneut kurz. Erst auf ein bestimmtes Hörzeichen hin darf er freilaufen.
Diese Übung, mit angeleintem Hund vollzogen, ermöglicht es dem Hundehalter, gezieltes Loben zu trainieren. Und einmal mehr erkennen wir dabei, wie es doch in erster Linie immer der Hundeführer ist, der zu lernen hat, damit dann in zweiter Linie dem Hund die Chance gegeben ist, sich ein erwünschtes Verhalten zur Gewohnheit zu machen.

3. Die Korrektur einer Verhaltensschwäche

Es ist bedeutend einfacher, dem Hund eine Unart abzugewöhnen, als ihn zu einem sichereren Verhalten zu bringen, wenn er irgendwelche Ängste zeigt. Im einen Fall können wir ihn durch das klare Setzen eines Tabus korrigieren, im andern Fall müssen wir ihn sorgfältig aufbauend an Erscheinungen gewöhnen, die ihm unvertraut sind. Dabei spielt unser eigenes Verhalten eine entscheidende Rolle. Wir sollten selbst sehr ruhig, nämlich ohne innere Erregung und somit rein technisch vorgehen. Unsere Gelassenheit überträgt sich auf den Hund und bietet die beste Voraussetzung für seine Ansprechbarkeit. Schimpfen ist selbstverständlich zu unterlassen, ebenso ungezieltes Loben. Aber auch Beruhigen und Hätscheln (Bemuttern) kann vom Hund als Lob für sein unerwünschtes Verhalten empfunden werden und ihn darin bestärken. Dazu ein Beispiel: Unser Hund weicht aus, wenn ein Bekannter ihn streicheln will. Wir suchen ihn nun zu beruhigen, sprechen zu ihm wie zu einem kleinen Kind und tätscheln ihn dabei. Dadurch fühlt sich der Hund für sein Ausweichen gelobt, und er wird in zunehmendem Maße auszuweichen beginnen. Man meint dann einen menschenscheuen Hund zu haben. Nimmt ihn der Fachmann an die Hand und läßt ihm zum Ausweichen gar keine Chance, ignoriert auch seine Abneigung zum Mitgehen an der Leine, ist man verblüfft, wie schnell jetzt das vermeintlich scheue Tier Vertrauen faßt und überhaupt keine Scheu mehr zeigt. In ähnlicher Weise kann ein Hund zu angstvollem Verhalten im Straßenverkehr oder in einer anderen lärmigen Situation geradezu ermuntert werden. Nämlich dann, wenn man ihn hier auf die oben beschriebene Art zu beruhigen versucht. Besser ist es, man ignoriert seine zu Anfang echte Ängstlichkeit und überläßt es ihm, sich mit dem ihn verunsichernden Erlebnis auseinanderzusetzen. Genau das tut ein normaler Hund, und er lernt dabei, daß keine Gefahr besteht. Dazu treibt ihn seine Neugier. Er gewöhnt sich auf diese Weise sehr rasch an ihn zuerst irritierende Erscheinungen. Mischen wir uns aber ein, ist ihm diese Möglichkeit genommen. Zur Verdeutlichung führen wir hier ein Beispiel aus der Praxis bei. Ein Herr bat uns um Rat für das Verhalten seiner achtzehn Monate alten Collie-Hündin. «Sie lebt bei uns in großer Freiheit und ist stets fröhlich. In der Stadt dagegen gerät sie so in Panik, daß sie zitternd liegen bleibt und nicht mehr weiter will». Wir schrieben dem Besitzer: «Tiere, die so auf den Verkehr und auf andere Erscheinungen und Geräusche des Stadtlebens reagieren, sind meistens in einer abgelegenen Situation aufgewachsen, bis sie zum Besitzer kamen. Da es sich bei den ersten zwölf Lebenswochen des Welpen um eine Prägungsphase handelt, die nicht nachholbar ist, bleiben sie dann auch später unsicher in jenen Bereichen, womit sie nicht früh genug vertraut gemacht worden sind. Um nun solchen Hunden zu helfen, sich doch besser an jene Umstände zu gewöhnen, die sie in Angst versetzen, sollte man sie weder beruhigen wollen noch sie schelten. Man muß im Gegenteil versuchen, sie in keiner Weise zu beeinflussen, damit sie sich mit ihrem Erlebnis selbst auseinanderzusetzen beginnen. Vermutlich wird Ihre Hündin, sobald sie etwas ängstigt, stark an der Leine zerren. In diesem Fall muß man das Tier mit Schwung heranbringen und die Leine gleich wieder locker durchhängen lassen, so daß der Hund erneut im eigenen Gleichgewicht steht. Gehen Sie mit der angeleinten Hündin, sollten Sie auch dann nicht stehenbleiben, wenn sie erschrickt und zerrt, sondern sie auf die oben beschriebene Weise zum Mitgehen zwingen, ohne dabei ein Wort zu sagen. Es mag dies etwas brutal erscheinen, doch ist es der einzige Weg, um mehr Sicherheit im Hund entstehen zu lassen. Unsicheres Verhalten Ihrerseits verschlimmert das Verhalten der Hündin. Im übrigen wird Ihnen die Hündin keineswegs übelnehmen, wenn Sie ihr auf diese Art keine Chance lassen, nicht mit Ihnen Schritt zu halten. Erfahrungsgemäß hilft ihr dieses Vorgehen mehr, als wenn Sie auf sie eingehen und sie durch Tätscheln und einschmeichelnde Worte der Beruhigung noch für das schreckhafte Verhalten unbewußt belohnen. Hingegen ist es sinnvoll, die Hündin dann mit einem kleinen Leckerbissen zu belohnen, wenn sie nach der Schreckreaktion wieder ein paar Sekunden ohne weiteren Leinenzwang neben Ihnen hergegangen ist.»

4. Zusammenstellung der am meisten vorkommenden Unarten und Verhaltens-Schwächen

Wurde das betreffende Problem schon früher eingehend behandelt, verweisen wir auf die entsprechenden Kapitel und Seitenzahlen.

4.1. Die häufigsten Unarten

Zerrt an der Leine: Siehe Kapitel V, Seite 70
Springt an Personen hoch: Siehe Kapitel IV, Seite 46
Streunen: Wer zu wenig Zeit hat für seinen Hund und ihn auch nicht klar einordnet in den Tagesplan der Familie, wird bald einen Streuner haben. Das einzige Mittel, das man dann noch hat ist, ihn im Zwinger oder sonstwo einzusperren. Einmal angewöhntes Streunen ist äußerst schwer zu beheben. Wer jedoch seinen Hund gemäß dem vorliegenden Buch nur einigermaßen konsequent einordnet in den Familienbereich, wird in dieser Beziehung kaum Schwierigkeiten haben.

Jagen und Wildern: Meist ergibt sich dieses schlimme Verhalten aus dem Streunen. Es ist eben auch eine Folge der Vernachlässigung und unachtsamen Haltung. Wer seinen Hund jagen läßt, schadet nicht nur dem Wild, er schadet auch dem guten Ruf jener Hundehalter, die sich ihres Hundes in vorbildlicher Weise annehmen. Oft jedoch fehlt es ganz einfach an der Information der fehlbaren Besitzer. Deshalb gehen wir hier näher auf das Problem ein.
Unsere Wälder sind zu viel begangenen Erholungsgebieten geworden. Spaziergänger, Jogger und natürlich auch Hundehalter benützen in Stadtnähe die Waldwege und beunruhigen schon damit die Wildtiere.
Neben Rehen und Hasen werden auch die am Boden brütenden Vögel, die von einem ungeübten Auge überhaupt nicht bemerkt werden, beunruhigt. Ein kleiner Hund, aber auch ein spazierender Mensch kann die Ursache sein, daß ein Vogelnest von den Eltern

Selbst der Jäger nimmt im Wald seine Hunde an die Leine.

verlassen und nicht mehr bebrütet wird. Die meisten Waldbenützer wissen dies nicht, und während sie sich sorglos im Erholungsgebiet ergehen, richten sie selbst, oder eben auch ihre Hunde, Schaden an, von dem sie keine Ahnung haben.

Nun wird niemand verlangen, daß keiner mehr im Wald spazierengeht, aber etwas mehr Rücksicht auf die hier frei lebende Tierwelt ist sicher angebracht. Das gilt im besonderen für die Hundebesitzer.

Da der Hund von einem Laufraubtier, dem Wolf, abstammt, ist er infolge seines enormen Riechvermögens zumindest interessiert an allem, was da «kreucht und fleucht». Bewegen wir uns mit ihm am Waldrand oder auf einem Waldweg, dringt er deshalb oft schnuppernd ins Dickicht ein und kann allein damit schon Unheil anrichten. Scheucht er dagegen ein Reh auf, ist das Tier auch dann gefährdet, wenn er bald wieder von ihm abläßt. Dies besonders im Winter; dann verfügt ein Reh über wenig Energiereserven und ist schnell so entkräftet, daß es nicht mehr zu überleben vermag. Das aufgescheuchte Wild kann aber auch in panischer Flucht in ein Gehege rasen und sich verletzen, oder eine Fahrbahn kreuzen und von einem Auto getötet werden. Deshalb sind folgende Hinweise zu beachten:

1. Wer in Waldnähe wohnt, darf seinen Hund nicht streunen lassen. Streunende Hunde sammeln jene Erfahrungen, die sie zu versierten Wildkillern machen.
2. Wer am Waldrand oder auf Waldwegen spaziert, darf den Hund nicht aus den Augen lassen und hat ihn sofort abzurufen, wenn er sich zu erregen beginnt.

Bellen und Kläffen: Schon mancher Hund mußte weggegeben oder gar eingeschläfert werden, weil er zur falschen Zeit und am falschen Ort seine Stimme zu erheben gewohnt war. Deshalb gehen wir auch auf dieses Problem näher ein.

Warum bellt ein Hund? Darüber sollten wir uns Gedanken machen. Denn erste Voraussetzung, der Situation Herr zu werden, ist die Einsicht, daß weder Bellen noch Kläffen an sich Unarten sind.

Hunde, die das tun, machen lediglich von einem ihrer Ausdrucksmittel Gebrauch, nämlich von ihrer Stimme. Genau so wie wir reden, rufen, schimpfen oder schreien. Auch menschliche Stimmäußerungen werden oft als «kläffen» empfunden. Eine Herrenge-

Erhöhte Standpunkte wie Balkone liebt der Hund, weil er hier Übersicht hat. Doch neigt er so besonders zum Kläffen.

sellschaft, die zu nächtlicher Stunde auf dem Balkon ihren Jass klopft, oder zwei Damen, die sich auf Distanz von Balkon zu Balkon während längerer Zeit unterhalten, wirken ebenso störend auf einen Nachbarn, der Ruhe sucht. Ein Hund jedoch, der mit durchdringendem Gebell die Luft erschüttert, wirkt schon deshalb unangenehmer, weil wir annehmen, er habe gar keinen Grund, solchen Lärm zu machen. Unsere Annahme ist falsch, der Hund hat einen Grund, wenn er bellt. Irgend etwas hat ihn in jene Stimmung gebracht, die sein Lautgeben auslöst. Das geschieht beispielsweise, wenn sich ein anderer Hund dem Hause nähert. Er braucht ihn gar nicht zu sehen, da er ja unwahrscheinlich gut hört, bemerkt er ihn trotzdem. Und er tut nun, was beim Wachhund als höchste Tugend gilt: Er warnt, wie man das in der Fachsprache nennt. Der Mensch – das sollten wir nicht vergessen – bedient sich des Gebells seines Haushundes in mancher Hinsicht. Auf der Jagd gilt jener Hund als der beste, der am ausdauerndsten und schönsten bellt. Man spricht hier gar vom «Geläute» des Jagdhundes. Ein Katastrophenhund, der den Austritt menschlicher Witterung aus den Trümmern nicht mit seiner Stimme anzeigt, ist seiner Aufgabe nicht gewachsen. Ein Viehtreiber, der seine Arbeit stumm verrichtet, verschafft sich keinen Respekt bei Kalb und Kuh. Sogar beim Polizeihund ist das Bellen viel wichtiger als das Beißen, wenn er einen flüchtigen Täter in seinem Versteck aufgespürt hat. Wir sehen, der Mensch will, daß sein Hund bellt, und er trainiert es sogar mit ihm. Gerade beim Polizeidienst jedoch ist es unerläßlich, daß der Hund zuweilen auf Kommando auch still zu bleiben vermag. Das wird geübt, bis es klappt. Es ist demnach möglich, einem Hund das Bellen in gewissen Situationen zu verbieten oder abzugewöhnen. Das gilt auch für den Hund auf dem Balkon.

Wie gewöhnt man das Bellen ab?

Der Hund ist in gewisser Weise ein «Stimmungstier». Erfaßt ihn ein bestimmtes Grundgefühl, dann reagiert er außerordentlich spontan. Er ist dann nicht mit Schimpfen davon abzuhalten, das zu tun, was ihm seine Natur eingibt. Im Gegenteil, unser Schelten erregt ihn zusätzlich, und er fühlt sich in seinem Agieren noch unterstützt. Je weniger wir uns dagegen selber erregen, desto besser vermögen wir den Hund zu beeinflussen. Es gibt für uns nur ein Ziel, das wir konsequent anstreben müssen, wollen wir den Hund zum Einstellen einer unerwünschten Reaktion bringen: Es gilt, ihn umzustimmen, ihm ein anderes Grundgefühl zu vermitteln. Mit andern Worten, wir müssen ihn ablenken.

Im vergangenen Jahr telefonierte mir ein älterer Herr, der mit seinem Rauhhaardackel an derselben Straße wohnt. «Jedesmal, wenn jemand vorbeigeht, kläfft mein Waldi wie irr geworden», beklagte sich der Besitzer, der sich schon ängstigte, er müsse den sonst so braven vierbeinigen Begleiter weggeben. Ich riet ihm, sich selbst zur Ruhe zu zwingen, wenn Waldi wieder kläffe, auf keinen Fall zu schimpfen oder gar zu schlagen, sondern ihn mit einem bereitgehaltenen Leckerbissen abzulenken. Der alte Herr tat dies so geschickt, daß die Kur glückte. In wenigen Tagen hatte Waldi das Erscheinen von Passanten mit dem Verabfolgen eines Wurststückchens verknüpft. Er rümpfte zwar noch die Nase, wenn er jemanden kommen hörte, doch brachte ihn die Erinnerung an gehabte Genüsse auf andere «Gedanken», und er sah sich nach der Erfüllung seiner aufgekommenen Freßlust um. Selbst wenn später nicht immer sofort ein Leckerbissen zur Stelle war, verfiel er nicht wieder ins Kläffen, da er eben grundlegend umgestimmt war. Das Beispiel mit dem Wurstzipfel gelingt natürlich nicht in jedem Fall. Der Erfolg stellt sich stets dann ein, wenn es uns gelingt, im Hund eine andere Stimmung auszulösen. Womit man das tut, hängt von der Fantasie des Besitzers und von den Wohnverhältnissen ab.

Bleibt nicht allein zu Hause: Gemeint ist damit, daß der in der Wohnung allein gelassene Hund heult und bellt. Man kann dieser Unart vorbeugen, indem man den Hund schon früh genug ans Alleinsein gewöhnt. Dies bedingt jedoch, daß man ihm Zeit genug gelassen hat, sich mit unserer Wohnsituation vertraut zu machen. Übernimmt man einen erwachsenen Hund, dauert dies einige Monate. Geht man erstmals ohne ihn außer Haus, sollte man dies nicht zögernd tun, sondern mit aller Selbstverständlichkeit. Sonst spürt der Hund unsere innere Spannung, wir kommen ihm irgendwie verändert vor, und das kann ihn dermaßen verunsichern, daß er dann zum Heulen und Bellen in hohem Maße neigt. Auch sollten wir nicht vor der Wohnungstür noch warten und lauschen, denn dies hört der Hund natürlich, und das reizt ihn doppelt. Am Ende gewöhnen wir dem Hund mit solchem Verhalten das Unerwünschte an, und es setzt sich dann sehr schnell so fest, daß man es ihm fast nicht mehr abgewöhnen kann.
Man kann versuchen, notorische Heuler dadurch von ihrem Verhalten abzubringen, indem man sie in eine Hundebox bringt. Diese Box muß dem Hund jedoch zuvor angenehm gemacht werden. Dazu legt man einen Leckerbissen hinein und läßt die Tür noch offen. Geht der Hund von selbst gern in den Behälter – viele Hunde lieben eine solche Bleibe – kann man ab und zu die Tür schließen, wobei man noch in der Wohnung bleibt. Erst später begibt man sich dann auch außer Haus.
Manchmal sind auch Erfolge erzielt worden durch das Laufenlassen von Tonbändern oder des Radios.

Macht in die Wohnung: Wie die Stubenreinheit aufgebaut wird, ist in Kapitel III, Seiten 34ff beschrieben. Dies hat auch bei der Übernahme eines erwachsenen Hundes seine Gültigkeit. Entdeckt man aber, daß ein Hund, der schon längst sauber war, plötzlich Urin und Kot in den Wohnräumen absetzt, geht man am besten zuerst zum Tierarzt. Wird er dort für gesund befunden, muß man sich überlegen, wie man weiter vorgehen will. Mit Strafen und Schelten ist nichts zu erreichen. Man lese dazu die oben angeführten Seiten in diesem Buch. Da Hunde nicht selten durch familiäre Veränderungen wieder unsauber werden, so etwa durch einen bevorstehenden Umzug, eine Ferienabwesenheit oder eine Trennung der Besitzer, könnte man mit mehr Zuwendung dem Hund gegenüber sein Verhalten unter Umständen wieder normalisieren.

Erbricht im Auto: Siehe Kapitel II, Seiten 31/32. Was dort über den Transport des Welpen vom Züchter zum Besitzer steht, bezieht sich auch auf den erwachsenen Hund. In Kapitel VIII, Seiten 111 – 117 wird auf das Verhalten im Auto ausführlich eingegangen.

4.2. Fehlender Gehorsam

Reagiert nicht auf Ruf, kommt nicht herbei: Siehe Kap. V, Seite 72. Zur Soforthilfe dient die Abrufübung, dargestellt zum Selbermachen, Kap. VI, Seite 84.

Reagiert auf Ruf, kommt aber nicht ganz herbei: Dieses Verhalten ist meist durch das Fehlverhalten des Besitzers beim Abrufen entstanden. In Kapitel V, Seite 57 findet sich eine Anleitung, wie man mit einer Schleppleine arbeitet, um den Hund zu korrigieren.

4.3. Ängste

Allgemeine Ängstlichkeit: Siehe Kapitel II, Seite 21 (Prägungsphase) und Seiten 22/23 (die Leistung des Züchters).

Angst vor Artgenossen: Siehe Kapitel V, Seite 55 (Risiken)

Angst vor Geräuschen und/oder optischen Erscheinungen: Siehe Kapitel II, Seiten 21 und 22, Kapitel V, Seite 55 (Risiken eingehen) und Kapitel VIII, Seite 150 (Knalleffekte).

Schreckhaftigkeit im Verkehr: Siehe Kapitel V, Seite 58 (der Junghund im Verkehr)

Scheu vor Menschen: Siehe Kapitel II, Seiten 21 und 22, und Kapitel VIII, Seite 147 (Kind und Hund) sowie Kap. VIII, S. 152.

4.4. Aggressives Verhalten

Aggressiv gegenüber Artgenossen: Siehe Kapitel II, Seiten 21/22, Kapitel V, Seite 61 (Begegnungen mit Hunden und Besitzern), Kapitel VIII, Seiten 117 (Allgemeines), 117 (zu Besuch), 152 (Maulkorb), 164 (Schadenfälle) und 167 (Hundehalfter).

Aggressiv gegenüber Personen: Siehe Kapitel II, Seiten 21/22, Kapitel VIII, Seiten 118 (Hund im Büro), 143 (Jogger), 152 (Maulkorb), 164 (Schadenfälle) und 169 (Hundehalfter).

Unberechenbarkeit gegenüber Kindern: Siehe Kapitel II, Seiten 21/22, Kapitel VIII, Seiten 147 (Kind und Hund) und 152 (Maulkorb).

4.5. Unarten im Heimbereich

Benagen von Teppichen und Möbelstücken: Es sind meist junge Hunde, welche dies tun, besonders wenn allein gelassen. Entdeckt man die vollbrachte Untat, wenn man nach Hause kommt, ist es sinnlos, den Hund zu strafen, er kann das nicht mit seiner unerwünschten Handlung in Zusammenhang bringen. Besser, man versucht, ihn gelegentlich dabei zu erwischen. Wie man dann vorgeht, findet sich in Kapitel IV, Seite 48 (Tabus setzen) beschrieben.

Belästigen von Besuchern: Hunde, die sich nach der ersten Aufregung beim Eintreffen von unbekannten Besuchern überhaupt nicht beruhigen und aggressiv bleiben, tun dies entweder aus großer Unsicherheit heraus, oder aber weil sie nicht genügend klar in den Familienbereich eingefügt, das heißt noch weitgehend unerzogen sind. Oft handelt es sich um eine Mischung aus den beiden genannten Ursachen. Auch hier erreicht man mit Schelten und Strafen nichts. Hilfe bringt allein, daß man sich mit dem Hund gezielt beschäftigt, wozu die in Kapitel VI enthaltenen Grundübungen dienlich sind. Zudem sollte man nun einem solchen Hund zu Hause nichts mehr Unerwünschtes durchlassen, indem man entsprechende Tabus klar setzt. Bald wird der Hund akzeptieren, daß er jetzt nicht mehr Nummer eins in der Familienhierarchie ist, sondern sich den Wünschen der Besitzer zu fügen hat. Kommt der nächste Besuch und der Hund fällt in sein Fehlverhalten zurück, kann man ihn nun mit einer an Ort und Stelle vorgenommenen Grundübung zurechtweisen. (Siehe auch S. 117: Besuch)

4.6. Unarten außer Haus

Verfolgen von sich bewegenden Personen, Tieren und Fahrzeugen: Man vergesse nicht, daß der Hund ursprünglich ein Laufraubtier war. Eine «Beute» zu verfolgen ist ihm immer noch angeboren, und was sich bewegt, reizt ihn dazu. Wir sollten dem in Richtung «Beute» eilenden Hund niemals erregt nachrufen, denn dies empfindet das Tier als Unterstützung seines Vorhabens, und nicht als Auftrag, zurückzukommen. Weitere Hinweise finden sich in Kapitel V, Seite 72 (Herbeirufen), Kapitel VI, Seite 84 (Abrufübung) und Kapitel VIII, Seite 143 (Jogger und Hund).

Aufnehmen von Unrat, Kot und Steinen: Junge Hunde interessieren sich für Gerüche, die wir nicht schätzen. Gefährlich für sie sind aber in der Regel nur Steine. Auch hier bringt uns aufgeregtes Rufen nicht zum Ziel, im Gegenteil, es spornt den Hund an, das Unerwünschte zu tun. Ruhiges «Nein» gefolgt von ebenso ruhigem Abrufen wirkt bedeutend besser. Freilich nur dann, wenn man es auch gut geübt hat. Erwischt man den Hund auf frischer Tat, kann durch gezieltes Eingreifen ein Tabu gesetzt werden. Siehe dazu Kapitel IV, Seite 48 (Tabus setzen) und Kapitel VI, Seite 84 (Abrufübung).

Wälzen in Dreck und Schmutz: Ein für uns scheußlicher Geruch wirkt für den Hund oft fast unwiderstehlich. Manche Hunde reagieren darauf mit Wälzen. Aufregung nützt auch hier nichts. Man geht am besten vor, wie es oben (Aufnehmen von Unrat ...) beschrieben ist.

4.7. Erwünschte Eigenschaften fehlen

Zutraulich zu Fremdpersonen: Es gibt Besitzer, die vom Hund erwarten, daß er sich nur ihnen zuwendet und niemandem sonst. Sie halten es für beschämend, wenn der Hund sich von andern Leuten streicheln läßt. Es fehlt solchen Menschen offenbar das Vertrauen zu ihrem Hund. Wenn er nämlich gut gehalten ist, merkt er genau, zu wem er gehört. Normale Hundehalter sind glücklich, wenn ihr Tier so wesenssicher ist, daß es sich gegenüber Fremdpersonen zutraulich zeigt.

Schutzverhalten fehlt: Der junge Hund braucht einige Zeit, bis er spontan Schutzverhalten in bezug auf die Besitzerfamilie erkennen läßt und den Heimbereich als sein Revier zu betrachten beginnt. Manche Hunde lassen zwar schon früh Schutzverhalten erkennen, andere jedoch tun dies erst mit eineinhalb oder zwei Jahren. Wer nun den Hund in dieser Beziehung forciert, indem er jemanden anstellt, der ihn reizt oder gar schlägt, begeht eine Dummheit, die Folgen haben kann. Solche Hunde sind nämlich später kaum noch unter Kontrolle zu halten, oder sie sind völlig menschenscheu geworden.

Wachsamkeit fehlt: Manche Hunde geben schon als Welpen Laut, wenn jemand sich im Haus oder um das Haus herum bewegt, den sie noch nicht kennen. Andere brauchen dazu bedeutend länger. Für sie gilt, was oben über das Schutzverhalten gesagt wurde. Gibt ein solcher Hund erstmals Laut, muß er nur richtig gelobt werden, damit sich dieses Verhalten festzusetzen beginnt.

Kapitel VIII
Was der Hundehalter außerdem wissen muß

Aggressives Verhalten

Aggressives Verhalten gehört zum Hund, wie es zu jedem höher entwickelten Säugetier gehört, auch zum Menschen. Bei freilebenden Hundeartigen, wie auch dem Wolf als dem Urahn unseres Haushundes, dient die Aggression zur Selektion der besten Indivi-

Aggressiver Ausdruck eines Hundes, der einen Gegenstand bewacht. Hat er diese Aufgabe nicht, ist er ein verträgliches Tier.

duen im Rudel, indem sich jene Exemplare in den Rangordnungskämpfen durchsetzen, die physisch und psychisch am belastbarsten sind. Mit der Rangordnung, die ohne Aggression nicht aufgebaut werden kann, wird auch ein konzentriert-soziales Vorgehen bei der Nahrungssuche (Rudeljagd) und bei Revierkämpfen (gegen Rudel von Artgenossen) sowie bei Abwehrkämpfen (gegenüber Feinden) möglich. Das heißt, das Überleben des Rudels basiert – neben anderen Verhaltensweisen – auch auf der Aggression. Es kann demnach die Aggression grundsätzlich nichts Unerwünschtes sein, man muß damit nur umzugehen wissen. Das Tier in der freien Wildbahn ist dazu in der Lage. Ebenso ist dies das Haustier Hund, sofern es fachgerecht aufgezogen und gefördert worden ist. Doch hier kommt nun der Faktor Mensch dazu, womit es für den Hund schwieriger wird zu merken, wo sein aggressives Verhalten erwünscht ist und wo nicht.

Fehlverhalten des Menschen fördert die Aggression beim Hund

Der Mensch hat Wildformen domestiziert und weiß nun oft nicht umzugehen mit dem Anteil an Aggression, der auch dem Haustier verblieben ist. Einerseits benötigt und benützt er diesen Anteil an Aggression im Haustier, andererseits verlangt er vom selben Tier ein durchwegs friedliches Verhalten. An und für sich ist damit das Tier, zumal es ein Hund ist, nicht überfordert. Ein Hund kann Bereiche, wo er aggressiv sein soll, und solche, wo er sich friedlich zu verhalten hat, unterscheiden. Dies gelingt ihm allerdings nur dann, wenn der Mensch geschickt genug ist, es ihm artgerecht begreiflich zu machen. Und damit hapert es leider allzuoft. Neunzig Prozent aller unerwünschten Aggressionen des Hundes werden durch das Fehlverhalten des Menschen ausgelöst und nicht selten so gesteigert, daß es zu Schäden kommt. In der täglichen Praxis der Hundehaltung wird uns dies beispielsweise bei der Begegnung zweier Besitzer mit ihren Hunden häufig vor Augen geführt. Statt daß man ruhig aneinander vorbeigeht und es vertrauensvoll dem Hund überläßt, die Begegnung mit dem Artgenossen zu bestehen und hinter sich zu bringen, beeinflußt man die Tiere durch ängstliches Einwirken. Man versucht, seinen Hund mit aufgeregten Worten zurückzuhalten oder vom Angehen des Begegnungspartners abzubringen. Die eigene Unsicherheit überträgt sich auf den dafür sehr empfänglichen Hund und stimmt ihn aggressiver, als er es eigentlich wäre. Bleiben die Besitzer zudem stehen, anstatt wei-

Auch kleine Hunde sind oft aggressiv, besonders wenn sie der Meister kurz an der Leine hält oder gar hochhebt.

terzugehen, nimmt auch dies der Hund wahr, und jetzt kommt es leicht zu einer Rempelei. Diese würde normalerweise harmlos verlaufen, käme nicht das Geschrei oder gar das Schlagen der Besitzer hinzu. Erst dadurch wird aus der Rempelei eine Beißerei, die zu Verletzungen führen kann. Wiederholen sich solche Vorgänge, ist der Hund eines im Umgang mit Tieren unsicheren Besitzers bald zum notorischen Raufer und – je nach seiner Grundanlage – auch zum Beißer geworden. (Siehe auch S. 62 ff: Begegnungen)

Beispiel eines vom Besitzer im Hund geförderten aggressiven Verhaltens

Er war ein erfahrener Polizeimann, der schon einen Hund ausgebildet und mit ihm keine Probleme gehabt hatte. Sein Junghund, ein elf Monate alter Deutscher Schäfer, ging nun aber angeblich auf alle Hunde los und packte sie. Dies zuweilen auf Distanzen von fünfzig Metern und mehr. Sein Verhalten war vor allem für die Frau des Besitzers zum Horror geworden. Sie wagte es nicht

Vor dem Verlassen des Wagens wird der Hund zum Bleiben aufgefordert. Erst auf unsere Ermunterung hin darf er aussteigen. Hat er sich an unsere Seite gesetzt, wird er nach der obligaten Pause gelobt. Erst jetzt schließen wir die Wagentür. Beim Besteigen des Wagens verfahren wir in umgekehrter Reihenfolge.

stand, daß ihm dies nicht gelingt. Nach einer kurzen Pause öffnen wir die Tür, sorgen aber dafür, daß er noch nicht herauskommt. Das unterstützen wir mit einem ruhig gesprochenen «Warten». Nach einer in ihrer Dauer zu variierenden Pause ermuntern wir den Hund, herauszukommen, nehmen ihn bei Fuß und bringen ihn zum Sitzen. In dieser Position hat er zu verharren, wenn wir die Wagentüre zumachen. Nehmen wir uns die Zeit, ihn zu korrigieren, wenn er zu früh aufsteht. Mit derart konsequentem Verhalten gelingt es, auch temperamentvolle Hunde an das gewünschte Vorgehen zu gewöhnen. Wichtig dabei ist außerdem, daß wir stets in gleicher Weise und mit gleicher Ruhe und Bestimmtheit handeln. Erregen wir uns, ist es mit unserem Einfluß auf das Tier vorbei, es erregt sich ebenfalls und hat so gar keine Chance mehr zu merken, was wir eigentlich von ihm wollen.

Dem Leser, der vor diesem Aufwand beim Besteigen und Verlassen des Wagens zurückschreckt, sei in Erinnerung gerufen, daß es hierbei, wie die Erfahrung zeigt, um einen Augenblick erhöhter Gefährdung geht. Warum sollen wir uns nicht die Zeit nehmen, dieser Gefährdung vorzubeugen, wo wir doch zusätzlich mehr Einfluß auf unseren Hund gewinnen? Es sei noch hinzugefügt, daß jede in täglicher Anwendung durchgeführte Übung mit dem Hund bedeutend nachhaltiger wirkt und nützlicher ist als Übungen, die auf dem Rasen vor dem Klubhaus vorgenommen werden. Was nützt uns dort korrektes Sitzen und Platzmachen, wenn es sich nicht auf die Praxis übertragen läßt? Jede angewandte Übung hat zudem den Vorteil, daß sie der Hund mit den speziellen Umweltbedingungen verknüpft, wodurch ihm das erwünschte Verhalten zur sicheren Gewohnheit wird.

Gefahren für den Fahrzeuglenker

Die in neueren Wagen angebrachten Kopfstützen wirken zwar oft sichtbehindernd, aber sie bedeuten doch eine bessere Abschrankung und hindern den Hund daran, nach vorn zu gelangen oder unfreiwillig nach vorn geschleudert zu werden. Man kann sie zudem leicht mit einer Querlatte verbinden, was den Schutz erhöht. Selbstverständlich gehört ja der Hund auf den Rücksitz, dennoch stellt er auch hier noch ein Gefahrenmoment dar. So kann er uns unerwartet die Sicht nehmen. Größere Hunde bedeuten in Sitzstellung immer eine Sichtbehinderung, was beim Spurwechsel sehr gefährlich sein kann, ebenso beim Rückwärtsfahren. Man tut gut daran, dem mit einem zweiten Rückspiegel rechts abzuhelfen, wie dies bei Kombifahrzeugen ohnehin vorgeschrieben ist. Das Unterbringen des Hundes in einem Kombiwagen ist dann ideal, wenn der Gepäckraum mit einem Netz oder einem Gitter gesichert wird. Nicht jedermann verfügt jedoch über ein derartiges Fahrzeug. Auch im normalen Auto läßt sich aber einiges tun, um die Sicherheit zu erhöhen. Einen nützlichen Beitrag in dieser Beziehung stellt die neuerdings angebotene Hunde-Schondecke dar. Wir sehen sie auf dem untenstehenden Bild. Mit Lederriemen wird sie vorn und hinten an den Kopfstützen befestigt. Sind hinten keine Stützen vorhanden, dienen dazu einfach anzubringende Metallbügel. Der Hund liegt damit viel sicherer im Wagen, und zudem bleiben Sitz und Fußraum sauber. Wir haben diese Decke während eines Monats mit dem abgebildeten Deutschen Schäferhund von nahezu fünfzig Kilogramm Gewicht getestet. Das Ergebnis ist mehr als zufriedenstellend. Der Hund fühlt sich ebenfalls sehr wohl dabei, er hat mehr Auflagefläche und wird weniger herumgeschoben bei Kurven.

Praktische Schondecke, die dem Hund auf dem Rücksitz Halt verleiht.

Sicherheit in und um das Auto

Mit wenig Kraft- und Zeitaufwand können wir unseren Hund auch zu einem sicheren Verhalten beim Besteigen und Verlassen des Wagens bringen. Das ist umso wichtiger, weil wir bei diesen Vorgängen oft unkonzentriert sind und nicht genügend auf den Hund achten, und schon ist einer jener häufigen Unfälle in dieser Situation passiert. Es lohnt sich wirklich, mit dem Hund auch hier ein klares Vorgehen aufzubauen.

1. Der Hund sitzt und verharrt, bis wir unsere Sachen im Wagen verstaut und jene Tür geöffnet haben, die für ihn bestimmt ist.
2. Jetzt erst wird der Hund zum Hineinspringen aufgefordert. Verharrte er nicht, sagen wir ruhig «nein» und beginnen die Übung von vorn.
3. Beim Aussteigen hat der Hund nach dem Öffnen der Tür noch im Wagen zu verharren, bis wir ihn an unsere Seite rufen, wo er sitzen bleibt, bis wir den Wagen abgeschlossen haben.

Auch dieses Vorgehen ist einfach, doch erfordert es die Aufmerksamkeit des Besitzers. Zu Anfang benötigt man auch etwas mehr Zeit als später. Bedenken wir aber, daß wir mit so praktisch angewandten alltäglichen Übungen viel mehr Folgsamkeit beim Hund erreichen als mit irgendwelchen sportlichen Übungen auf dem grünen Rasen, werden wir uns doch mit Vorteil in dieser Weise der Erziehung unseres Hundes annehmen. Haben wir einmal erkannt, was Konsequenz bedeutet, macht auch unser Hund gern mit.

Acht Ratschläge

1. Abholen des Welpen beim Züchter: (Verantwortungsbewußte Züchter nehmen die Welpen schon vor der Abgabe an die Besitzer gelegentlich im Wagen mit.) Welpen nicht allein lassen, sondern mit einer Person auf dem Hintersitz plazieren. Nur wenige Minuten fahren, aussteigen und etwas spazieren. Dann in sich steigernden Etappen nach Hause fahren. Wird es dem Welpen bei seiner ersten Fahrt im Auto schlecht, kann sich dies für längere Zeit festsetzen.

2. Beim Aussteigen nicht direkt frei laufen lassen: Hund daran gewöhnen, beim Öffnen der Türe noch sitzen zu bleiben. Das kann mit mehrmaligem Öffnen und Schließen der Wagentür vor dem Aussteigen geübt werden. Zuerst an der Leine herausführen. Später erst auf unser Hörzeichen (z. B. «komm raus») aussteigen lassen.

3. Genügend Frischluft. Besonders bei wärmeren Außentemperaturen die Fenster des abgestellten Wagens genügend öffnen. Dies auch dann, wenn der Himmel bedeckt ist. Vorsicht: Es gibt Hunde, die sich aus unglaublich kleinen Öffnungen herauszuzwängen vermögen.
4. Sonnenbestrahlung: Sie heizt das Wageninnere stark auf. Selbst bei geöffneten Fenstern kann es zu Temperaturen kommen, die

Brennt die Sonne auf den Wagen, wird er zum Backofen.

das Tier quälen und gefährden. Schattenplätze aufsuchen und darauf achten, ob und wann die Sonne den Wagen wieder bescheinen wird.
5. Reisen: Auf Autobahnstrecken, wie etwa in Italien, kann die Sonne über längere Zeiträume stets gleich einwirken. Man sollte dann das Rückfenster oder die entsprechenden Seitenfenster mit einem Tuch oder mit den bekannten Lamellenstoren abschirmen. Im Seitenfenster läßt sich der obere Saum eines Tuches mit der hochgekurbelten Scheibe festklemmen. Nicht vergessen: Wasser und Trinknapf mitnehmen.
6. Fahrweise: Auch Hunde reagieren auf ungleichmäßiges Fahren, stoßweises Gasgeben und zu schnelles Kurvenfahren negativ.
7. Passanten nicht gefährden: Bei scharfen oder auch nur wachsamen Hunden empfiehlt es sich, so zu parkieren, daß Passanten nicht durch unerwartetes Bellen des Hundes belästigt oder gar durch halbgeöffnete Fenster gepackt und verletzt werden können. Das Abdecken der Fenster leistet auch hier gute Dienste.

8. Aufenthalt im Wagen: Für größere und mittlere Hunde empfiehlt sich eine Hundebox, wie sie der Handel für Kombifahrzeuge anbietet. Sonst ist der Rücksitz Aufenthaltsort des Hundes, möglicherweise durch ein Netz getrennt vom Vordersitz. Bei modernen Wagen bewirken oft schon die großen Kopfstützen eine gewisse Abgrenzung.

Besuch

Wer sich erstmals einen Hund anschafft, ist oft erstaunt, daß er bei gewissen Bekannten nicht mehr so willkommen ist wie früher, als er sie noch ohne Hund besuchte. Dabei ist das leicht zu verstehen. Man muß nicht Hundefeind sein, man kann auch aus anderen Gründen keine Vorliebe für Vierbeiner haben. Es genügt, wenn keine Beziehung zu diesem speziellen Tier vorhanden ist. Das sollten Hundebesitzer stets vorbehaltlos akzeptieren und berücksichtigen. Es gehört im Grunde schon zu den Überlegungen, die man sich vor dem Kauf eines Hundes machen sollte, daß man abklärt, wer von unseren Bekannten nicht unbedingt Hundefreund ist. Allerdings ist man auch bei Hundehaltern nicht ohne weiteres ein gern gesehener Gast, wenn man selbst mit einem Vierbeiner anrückt. So manche Leute haben da schlechte Erfahrungen gemacht. Allzuschnell kann es zur Rempelei oder gar Rauferei kommen. Es gibt jedoch einige Regeln, wie man solche Aggressionen vermeiden könnte. Sie seien hier angeführt.
Ausgangspunkt ist das Revierverhalten des Hundes, seine Gewohnheit nämlich, Wohnung und Garten als Territorium zu betrachten, das nur von ihm selbst und «seiner» Familie zu beanspruchen ist. Wer sich nähert, wird abgewiesen. Kommt es jedoch zu einer völlig überraschenden ersten Begegnung im Revier mit einem andern Hund, ist die Rauferei fast unvermeidlich. Dies ganz besonders bei gleichgeschlechtlichen Tieren. Geht man dagegen sorgfältig vor, läßt sich fast immer ein Weg finden, um die Toleranz des hauseigenen Hundes zu fördern.
Erstens: Die erste Begegnung beider Vierbeiner sollte außerhalb des Reviers stattfinden, wenn möglich auf einem Gelände, das beiden unbekannt ist. Hier können sie sich beim Spazieren ihrer Besitzer kennenlernen. Diese sollten nicht stehen bleiben, sondern immer weitergehen. Erst wenn sich die Hunde aneinander gewöhnt haben, begibt man sich «in die Höhle des Löwen».

Zweitens: Am Wohnort angekommen, läßt man die beiden Hunde erneut außerhalb des Gartens oder des Hauses sich begegnen und betritt dann erst das Gebiet, das der eine der Hunde als sein Territorium betrachtet. Mit diesem Vorgehen ist zwischen einem Rüden und einer Hündin meist eine Beziehung geschaffen, die den Hausfrieden garantiert. Es kommt höchstens noch zu Anschnauzereien, wenn der «Eindringling» einem Lieblingsplatz oder einem Lieblingsgegenstand des Haushundes zu nahe tritt.
Bei gleichgeschlechtlichen Hunden bringt die Gewöhnung aneinander außerhalb des Territoriums nicht immer den Erfolg. Besonders dann nicht, wenn die Tiere etwa gleich groß und zudem wesensstark sind. Noch schlimmer, wenn der eine infolge falscher Haltung überaus eifersüchtig erscheint. Experimente sind da nicht zu empfehlen. Schon manche langjährige menschliche Beziehung hat im Krach zweier Hunde ihr abruptes Ende gefunden. Ganz schlecht wirkt es sich aus, wenn man den eigenen Hund irgendwo im Hause einsperrt, während der vierbeinige Gast im Wohnzimmer herumstolziert. Bei der nächsten Begegnung wird sich das rächen. Warum eigentlich nicht den Hund im Wagen lassen? Und weshalb nicht einmal den Hund zu Hause lassen? Auch daran sollte ein richtig gehaltener Hund gewöhnt sein, und zwar früh genug. Hunde, die das Weggehen ihrer Besitzer aus dem Haus nicht ertragen, ohne Schaden anzurichten, stellen ihren Meistern kein gutes Zeugnis aus. Hier wurde Wesentliches einer vernünftigen Erziehung versäumt.

Büro

Die weit verbreitete Ansicht, ein kleiner Hund brauche wenig Raum, ein großer aber mehr, entbehrt jeder Grundlage. Was ein Hund in erster Linie benötigt ist nicht Raum, sondern Bewegung und Zuwendung seitens des Menschen. In Wirklichkeit kommen manche verwahrloste Hunde aus sogenannten «Villa mit Umschwung»-Situationen. «Der Hund hat eine Menge Platz», meint man und vergißt, sich seiner regelmäßig anzunehmen und ihn genügend zu bewegen. Dafür ist man dann empört, wenn er Löcher gräbt im Garten und sich schließlich unterm Zaun durchzwängt und zu streunen beginnt. «Warum tut er das, er hat es doch so schön zu Hause?» ist eine naive Frage, die dann oft gestellt wird.

Er hat es eben nicht schön in seinem weiträumigen Revier, sondern er vereinsamt darin. Hingegen läßt sich ein großer Hund gut in einer kleinen Wohnung halten, ohne daß er deshalb schwierig wird, wenn er sich auf täglich wiederkehrende Ereignisse und Kontakte freuen kann. Vom Spaziergang in der Morgenfrühe zum Marsch in der Mittagsstunde bis zum spätabendlichen Gang zur Versäuberungswiese. Auch die Mahlzeit ist eine Attraktion erster Güte, ebenso das obligate Spiel mit dem Besitzer oder der Besitzerin.
Nun gibt es zahlreiche Hundehalter, die ganztägig arbeiten und ihren Hund zur Arbeitsstätte mitnehmen, sei dies eine Werkstatt, ein Laden oder ein Büro. Besonders ins Büro nehmen manche Leute ihre Hunde mit, es gibt da keine Grenzen in der Größe oder im Temperament. Vom Yorkshire Terrier bis zur Deutschen Dogge, vom Boxer bis zum Barsoi – alle lassen sie sich an den Aufenthalt im Büro gewöhnen. Voraussetzung bleibt, daß es bestimmte Ereignisse gibt, die täglich zur gleichen Zeit eintreten und die Bewegung und Erlebnisse versprechen. Für den Bürohund ist die Mittagspause wichtig, jener große Unterbruch im ruhigen Ausharren. Doch nicht nur dem Hund, auch seinem Besitzer bietet der bei jedem Wetter durchgeführte mittägliche Spaziergang Erholung, Entspannung und nicht zuletzt die Möglichkeit zu jener Diät – Mittagsmahlzeit, von der viele nur träumen: Einige Früchte, die man wandernd zu sich nimmt. Wer den Hund mit ins Büro nimmt, morgens mindestens einen Teil des Weges mit ihm zu Fuß geht, mittags ihn in einem geeigneten Gelände freilaufen läßt und ihn abends nochmals eine Stunde bewegt, hat bestimmt mehr getan, als die meisten Hundebesitzer für sich und ihren Vierbeiner zu unternehmen in der Lage sind.

Der Arbeitspartner muß einverstanden sein

Voraussetzung fürs Mitnehmen des Hundes ins Büro ist freilich, daß nicht nur der Chef, sondern auch unsere Arbeitskollegen und -kolleginnen einverstanden sind, indem sie sich durch die Existenz unseres Vierbeiners am Arbeitsplatz nicht in irgendeiner Weise beeinträchtigt fühlen. Diesem Umstand müßte man eigentlich schon bei der Anschaffung des Hundes Rechnung tragen. Es gibt da gewisse Unterschiede, die zu bedenken sind. So riechen langhaarige Hunde bedeutend stärker und oft ganz penetrant nach «Hund», wenn sie feucht oder gar naß werden, was bei Regenwet-

ter nicht zu vermeiden ist. Für eine empfindsame Nase kann so ein feuchter Hund eine ernsthafte Belästigung darstellen. Und ein ängstlicher Hund, der andern Leuten nicht kontaktfreudig begegnet, kann durch sein aggressives Verhalten, das meist mit Knurren und Kläffen verbunden ist, sehr viel Ärger bereiten. Der Hund nimmt ja normalerweise den Arbeitsplatz mit der Zeit als sein Revier wahr. Fühlt er sich dann durch das Herantreten einer Person derart bedroht, daß er losbellt und vielleicht gar schnappt, ist seine Haltung im Büro nicht zumutbar. Hier kann man sich in der Regel nur einen Hund erlauben, der soviel eigene Sicherheit aufweist, daß er auch fremden Personen zutraulich und freundlich begegnet. In der Praxis bedeutet das, daß er in frühester Jugend schon mit allen möglichen Personen Kontakt hatte. Kauft man sich also einen Welpen, tut man gut daran zu überprüfen, ob ihm sein Züchter in den ersten Lebenswochen auch eine von Personen belebte Umwelt bietet. Hunde, die ohne solche Kontakte in Zwingern oder anderen Räumlichkeiten aufwachsen, wo nur selten jemand hinkommt, eignen sich nicht zum Bürohund.
Es kommt somit auf das Wesen des Hundes an und nicht auf seine Größe und sein Gewicht, ob er mit zur Arbeit genommen werden kann. Ebenso entscheidend ist allerdings die Einstellung unserer Mitarbeiter zum Hund. Ganz abgesehen von jenen Fällen, da jemand allergisch auf Hundehaar und den darin befindlichen Staub reagiert, was Hundehaltung mindestens im selben Raum ausschließt. Ist uns daran gelegen, daß unsere Mitarbeiter Sympathien für unseren Hund empfinden, dann sorgen wir am besten für dessen Erziehung. Damit kann nicht früh genug begonnen werden, zuerst natürlich im eigenen Heim. Je eher unser Hund soweit ist, daß er ohne viel Worte oder gar Geschrei zu einem akzeptablen Verhalten in Innenräumen gebracht werden kann, desto besser. Wenn unsere Mitarbeiter nämlich erkennen, daß wir selbst keine Probleme mit unserem Vierbeiner haben, und daß er gegenüber jedermann zutraulich, aber nicht aufdringlich ist, fassen auch sie Vertrauen und haben kaum mehr etwas gegen sein Verweilen im Büro einzuwenden. Ja, oft wird dann der Hund zum erkorenen Liebling der «Belegschaft». Da gilt es aufzupassen, daß niemand den Hund verwöhnt, sonst kommt es bald zu Untugenden, welche dem Bürofrieden ein Ende setzen. Es ist dann schwierig, die einmal entstandene Unzufriedenheit wieder abzubauen. Selbst die Unterstützung eines Vorgesetzten reicht dann auf die

Immer wieder etwas Neues mit dem Hund unternehmen, fördert den Kontakt zwischen Besitzer und Hund und damit auch das gegenseitige Vertrauen und Einvernehmen.

Das Spiel zwischen Besitzer und Hund sollte nie ganz fehlen. Der junge Hund ist auch fähig, für sich allein mit einem Gegenstand zu spielen.

Dauer nicht mehr aus, um die gestörte Atmosphäre zu bereinigen. Es lohnt sich deshalb all dies zu überlegen und die nötigen Voraussetzungen zu schaffen, bevor man versucht, einer jener glücklichen Hundebesitzer zu werden, welche ihren vierbeinigen Begleiter am Arbeitsplatz halten dürfen.

Ernährung

Wird der Welpe noch dreimal täglich gefüttert, geschieht dies beim Junghund bald noch zweimal im Tag. Im Laufe der Entwicklung zum erwachsenen Tier wird es sich zeigen, ob zum einmaligen Vorsetzen des Napfs überzugehen ist. Das tut man, wenn der Hund beginnt, Nahrung im Topf zurückzulassen. Geschieht das nicht, beläßt man es bei der zweimaligen Fütterung pro Tag. Im Hinblick auf die nicht selten auftretende Magendrehung (besonders bei großen Hunden) ist es sinnvoll, den Magen des Hundes damit zu entlasten. Es gibt aber Hunde, die spontan zur einmaligen Fütterung neigen und uns dies auch merken lassen.
Die Freßgewohnheiten, aber auch die Verträglichkeit der Nahrung, sind von Hund zu Hund sehr verschieden. Es lassen sich für die Wahl des Futters keine Regeln aufstellen. Was dem einen bekommt, belastet den andern. Sei es, daß er dann zum Durchfall neigt, sei es, daß er sich häufig zu kratzen beginnt und womöglich Ekzeme bekommt. Hier muß man ganz einfach probieren, was für den eigenen Hund das beste ist. Hat man ein Futter gefunden, bei dem der Hund munter ist und normal verdaut, sollte man auch dabei bleiben. Hunde sind nicht wie wir Menschen auf Abwechslung angewiesen. Sie lieben vielmehr eine gewisse Kontinuität der Nahrungsart. Daneben erhalten sie ja zumeist noch ab und zu einen Leckerbissen, was man aber nicht übertreiben sollte, sonst wird der Hund zu dick. Man sollte immer noch die Muskulatur und die Rippen unter dem Fell erkennen können, wenn sich der Hund bewegt.
Die Futtermenge muß dem Hund individuell angepaßt werden. Auch hier gibt es keine Norm, die einen brauchen mehr, die andern weniger.
Bei der heute von vielen Firmen angebotenen Fertignahrung kann man davon ausgehen, daß sie gut aufgebaut ist. Was dem Hund schaden kann, sind starke Konservierungsmittel. In der Büchsen-

nahrung gibt es relativ wenige solche Stoffe. Hingegen sind die der Flockennahrung beigefügten Brocken aus Trockenfleisch stark konserviert. Bei empfindlichen Hunden empfiehlt es sich, Flocken ohne Fleischzusatz zu kaufen. Man kann Rohfleisch – bei Bedarf leicht angebrüht – oder Büchsenfleisch beimischen. Gegen das gelegentliche Vorsetzen von Speiseresten ist bei gesunden Hunden nichts einzuwenden, wenn sich der Hund damit unbelastet erweist. Röhrenknochen sind zu vermeiden, andere Knochen aber dann zu geben, wenn der Hund sie gut verträgt. Dringend auf Knochen angewiesen ist der Hund jedoch nicht. Jene Stoffe, die er benötigt, sind in den heute angebotenen Futtermitteln enthalten. Erfahrungsgemäß ist angefeuchtete Nahrung dem Hund auf die Dauer bekömmlicher als jene dehydrierten Futterbrocken, bei denen der Hersteller empfiehlt, den Wassernapf einfach daneben zu stellen. Es ist zu befürchten, daß dies manche Hundebesitzer aus Bequemlichkeit tun.

Natürlich ist auch Reis und Brei aus Cerealien eine bekömmliche Nahrung, die bei vorübergehenden Verdauungsbeschwerden gute Dienste leistet.

Das Futter soll nie stark gewürzt und weder zu kalt noch zu warm vorgesetzt werden. Der Napf muß saubergehalten und an einem Platz verabreicht werden, wo der Hund ungestört und vor Sonne und Regen geschützt fressen kann.

Nach der Mahlzeit soll der Hund nicht gleich stark bewegt werden. Erbricht er nach der Fütterung, läßt man ihn die erbrochene Nahrung wieder aufnehmen, wenn er dies spontan tut. Bei jungen Hunden kommt das öfters vor und hat keine Bedeutung. Wasser muß in einem separaten Napf dem Hund immer zur Verfügung stehen.

Erziehungskurs

Nicht alle Erziehungskurse, die angeboten werden, basieren auf der Erfahrung und den Erkenntnissen, die dem vorliegenden Buch vorausgegangen sind und nun von ihm vermittelt werden. Wie in vielen Hundebüchern wird auch bei solchen Kursen von der Annahme ausgegangen, man müsse dem Hund Befehle erteilen, die er dann auszuführen habe. Das widerspricht der Methodik des vorliegenden Buches, welche die Verständigung mit dem Hund in

Erziehungskurse machen Spaß und fördern den Kontakt.

den Vordergrund stellt, weil danach das erwünschte Reagieren des Hundes auf unsere Hör- und Sichtzeichen – also seine Folgsamkeit – den natürlicheren und damit auch sichereren Gehorsam (er hört auf uns) erbringt.
Dennoch sind die von den Vereinen angebotenen Erziehungskurse zu empfehlen. Es ist nämlich so wichtig, daß überhaupt etwas unternommen wird mit dem Hund, daß Abweichungen in der Methodik zu akzeptieren sind, sofern es sich nicht um Brutalitäten handelt. Der Besucher eines Erziehungskurses tut gut daran, auf die Art der Ausbilder einzugehen. Es wird weder ihm noch seinem Hund schaden, sich einer Ausbildungsweise anzupassen, wie sie eben mancherorts noch gang und gäbe ist.
Wir merken es erst, wenn der Hund schon einige Monate bei uns ist: Die ganze Familie hat ihn gern, aber er benimmt sich nicht durchwegs so, wie wir uns das vorgestellt haben und wie sich die Hunde anderer Familien auch tatsächlich zu benehmen scheinen. Wir werden unsicher, fühlen uns hilflos und möchten beraten sein. Jetzt wäre der Besuch eines sogenannten Erziehungskurses eine Möglichkeit, uns besser zu informieren. Doch wann und wo werden solche Kurse durchgeführt? Und wird uns damit geholfen sein? Wieviel Zeit und Geld wird uns das kosten?

Wer wird eigentlich erzogen?
Zu hohe oder falsche Erwartungen dürfen wir an den Besuch eines Erziehungskurses nicht stellen. Es geht nicht darum, daß unser Hund dabei von Fachleuten erzogen wird. Vielmehr handelt es sich um eine Anleitung zur Selbsthilfe. Je mehr ein Kurskonzept auf dieses Ziel ausgerichtet ist, desto besser für uns und unsere «Hundeprobleme». Je früher ein Kursleiter seine Teilnehmer zum «Aha-Erlebnis» hinzuführen weiß – jenen Augenblick nämlich, wo es uns wie Schuppen von den Augen fällt und wir spontan erkennen, daß eigentlich wir erzogen werden – um so tüchtiger ist er einzuschätzen. Es ist an uns zu handeln. Das Wie wird uns in Theorie und Praxis beigebracht. Es geht somit in einem Erziehungskurs darum, das «Know how» (wissen wie) einer vernünftigen Hundehaltung zu vermitteln. Das kostet uns im Durchschnitt sechs bis zehn Übungshalbtage und zwischen siebzig und hundertzwanzig Franken/DM.
Wer sich außerstande sieht, soviel Zeit und/oder Geld aufzuwenden (in der Hoffnung, danach mit seinem Hund besser zurechtzu-

kommen), hat auch die Möglichkeit, sich ein Buch über Hundehaltung anzuschaffen. Das kostet zwar weniger Geld, aber keineswegs weniger Zeit. Und der Erfolg eines derartigen «Do-it-yourself»-Vorgehens ist nicht mit der gleichen Sicherheit zu erwarten wie der Effekt eines Kursbesuches. Denn erstens ist es nicht einfach, in die Praxis umzusetzen, was in einem Buche steht. Und zweitens gibt es zwar viele Hundebücher, doch nur wenige sind in jeder Beziehung empfehlenswert. Gerade der Abschnitt über die Grunderziehung läßt oft viele Wünsche offen, während lang und breit Pflege, Fütterung und Krankheiten beschrieben werden. Was nützt uns jedoch die schönste Ernährungstabelle, wenn unser Benno auf dem Spaziergang hinter Radfahrern und Joggern herzulaufen und sie anzukläffen pflegt?

Vorteile der Erziehungskurse

Wie erwähnt, bringt uns ein gut geführter Erziehungskurs sofort in direkte Verbindung mit der Praxis. Hinzu kommt, daß wir Kontakt zu andern Hundebesitzern finden und uns im Gespräch mit ihnen belehren lassen und erleichtern können. Es kann entscheidend sein, wenn wir vernehmen, daß andere Leute dieselben Probleme haben wie wir mit unserem Hund und daß sie es mit der einen oder anderen Methode verstanden haben, diese Schwierigkeiten zu beheben. Am wichtigsten jedoch scheint unsere eigene Wandlung im Verhalten zum Hund zu sein, die hauptsächlich im Wissen um die Notwendigkeit einer gezielten Beschäftigung und Beeinflussung des Hundes liegt.

Es ist das Verdienst vieler Rasseklubs und kynologischer Vereine, daß Erziehungskurse alljährlich öffentlich ausgeschrieben und durchgeführt werden. (Adressen s. Verzeichnis der Landesverbände S. 199). Es gibt hier und dort auch außerhalb der offiziellen Vereine stehende Gruppen, welche Erziehungskurse durchführen. Ihre Adressen dürften am ehesten bei der Gemeindebehörde zu erfahren sein. Hinzu kommen einige wenige seriöse private Hundeerzieher. Auch hier wäre Rat zu finden, wenn er auch etwas teurer zu stehen kommt. Gar nicht bewährt hat sich die Methode, den Hund einem Abrichter zur Erziehung zu überlassen. Sollte ein Profi dieser Art wirklich versiert und zuverlässig sein, würde er uns darauf aufmerksam machen, daß wir selbst auch dann in die zweckmäßige Behandlung unseres Hundes eingeführt werden müssen, wenn der Hund vorgängig (im Sinne einer Vorbereitung) geschult worden ist. Geschieht dies nämlich nicht, so fällt der Hund zu Hause in kurzer Zeit in die alten Gewohnheiten und Untugenden zurück. Der Aufwand für sein Training, das durchaus vorübergehende Erfolge aufgewiesen haben kann, ist dann am Ende doch umsonst gewesen.

Wer seinen Hund besser verstehen und führen lernen will, kommt somit nicht um eine fachgerechte Information und Anleitung herum. Genau das vermittelt uns ein gut konzipierter Erziehungskurs. Aber mitdenken, Entschlüsse fassen und handeln – das muß jeder Hundebesitzer früher oder später selbst.

Fotografieren

Tips für Fotoamateure

Man sollte sich einige grundsätzliche Kenntnisse aneignen, damit man später über die Ergebnisse nicht allzu enttäuscht ist. An der Kamera wird es nicht liegen, wenn die gemachten Bilder nicht unseren Vorstellungen entsprechen, denn die heutigen Apparate sind ausnahmslos hoch entwickelt, ebenso das Filmmaterial. Was fehlt sind eben jene Dinge, die vor und während der Aufnahmen zu beachten wären. Wir fassen sie hier kurz zusammen.

Von der Seite aufgenommen benötigt man eine kurze Belichtungszeit – also auch genügend Licht – um ein Sprungbild scharf werden zu lassen.

Unser Verhalten gegenüber dem Hund und seinem Meister

Unser Aufnahmeobjekt ist kein Stück Holz, sondern ein empfindsames Lebewesen. Hinzu kommt meistens ein zweites Lebewesen, nämlich der Hundebesitzer. Fast immer liegt es am Verhalten des Hundes und der Begleitperson, wenn ein Foto am Ende unbefriedigend ausfällt. Das gilt auch dann, wenn wir uns allein mit unserem Hund abgeben. So wie wir ihn beeinflussen, so präsentiert er sich auch. Unser erstes Thema heißt deshalb: Wie verhalte ich mich gegenüber meinem oder anderen Hunden und ihren allfälligen Begleitpersonen, damit die Chance einer erfreulichen Aufnahme gegeben ist? Probleme gibt es vor allem dann, wenn ein Besitzer unbedingt möchte, daß sein Hund «ganz groß herauskommt». Er spricht dann erregt auf ihn ein und stört ihn dadurch mehr, als daß er ihn aufmuntert. Er macht Faxen und hektische Bewegungen, was den Hund verunsichert und eine entsprechend verkrampfte Haltung einnehmen läßt. Er läßt die Ohren hängen oder legt sie zurück, und seine Körperhaltung ist auf schnelles Ausweichen eingestellt. Auf diese Weise wirkt er überhaupt nicht mehr fotogen. Was können wir dagegen tun?

Von vorn aufgenommen reduziert sich aus dem Blickwinkel des Fotografen gesehen die Geschwindigkeit des springenden Hundes.

Ruhende Hunde lassen sich auch vom Anfänger gut fotografieren.

Der erste Schritt zu einer brauchbaren Aufnahme besteht darin, daß wir die Besitzer darüber orientieren, welches Verhalten für gute Bilder förderlich ist und welches nicht. Fotografieren wir den eigenen Hund, müssen wir für uns selbstverständlich dieselben Überlegungen machen. Hierzu nun einige Merkpunkte:

1. Der Besitzer soll den Hund nicht zu beeinflussen suchen, sondern sich neutral verhalten.
2. Ermunterungen sollen nur vom Fotografen ausgehen oder von dessen Helfern.
3. Der Besitzer soll sich auf den Fotografen konzentrieren und genau das tun, was dieser ihm empfiehlt.

Das alles erklären wir dem Besitzer etwa mit den folgenden Worten: «Bitte beeinflussen Sie den Hund grundsätzlich nicht, lassen Sie das mich oder meinen Helfer tun. Wenn ich Ihre Unterstützung benötige, werde ich Ihnen dazu Anweisungen geben».

So, und jetzt können wir mit dem Fotografieren beginnen.

Hunde, die spielen, sind konzentriert und aktiv. Sie ergeben natürlich wirkende Bilder.

Aufnahme des fixierten Hundes

Ohne eine gewisse Erziehung des Hundes gelingt es uns kaum, ihn im Stillstehen zu fotografieren, es sei denn, wir lassen ihn von einem Helfer an der Leine zurückhalten. Der Besitzer steht außerhalb des Bildrandes vor ihm, und er kann ihn auf unsere Anweisung hin auch ermuntern. Wünscht man ein Standbild, wie sie in allen Hundezeitschriften und Hundebüchern massenhaft zu sehen sind, nehmen wir den Hund von der Seite auf, wobei das Licht so einfallen sollte, daß der Kopf beleuchtet ist und daß die Schulterpartie dennoch keine Schlagschatten auf die Flanke wirft. Zumindest die Hinterbeine sollten beide sichtbar sein und zwar so, daß der uns zugewandte Hinterlauf hinter den andern Lauf zu stehen kommt. Starkes Zurückziehen der Hinterbeine, um den Hund gespannter und gestreckter erscheinen zu lassen, sollte nicht bis ins Groteske übertrieben werden. Damit sich das Halsband nicht so einschneidet, daß der Kehlrand und die Nackenlinie in unschöner Weise unterbrochen werden, sollte der Helfer die Leine kurz vor der Aufnahme etwas entlasten. Geübte Hunde, vor allem Ausstellungstiere, lassen sich meist in gleicher Weise unangeleint aufnehmen. Mit der Kamera sollten wir nicht zu hoch stehen, am günstigsten ist es, wenn wir sie knapp über die Kopfhöhe des Hundes halten. Wenn nun noch beide Ohren (beim Stehohr) sichtbar sind, oder klar nur ein Ohr gesehen werden kann, sollte das Bild gelingen.

Ungeübte Hunde lassen sich auf einer Erhöhung, etwa auf einem Mäuerchen, einem Findling oder auf einer Bank ohne Lehne besser zum Verharren bringen als auf ebener Erde, dies besonders dann, wenn man sie sitzen oder liegen läßt. Auch das kann schöne Fotos geben. Ist der Hund etwas erhöht, müssen wir uns auch nicht zur Aufnahme hinunterbeugen, was oft unsicher macht und leicht zum Verwackeln führt.

Fotografieren des sich bewegenden Hundes

Mit Vorteil spazieren wir hierbei mit dem Hund und seinen Besitzern in einem geeigneten Gelände, das genügend Hintergründe bietet wie Buschreihen, Waldränder oder Böschungen. Gerade in dieser Situation ist es oft schwer, die Besitzer davon abzuhalten, ihren Hund ständig zu rufen. Wir müssen sie zur Geduld auffordern. Irgendwann wird sich das Tier ja doch für etwas Bestimmtes interessieren, daran schnüffeln oder es gespannt anblicken. Das

kann ein Grasbüschel sein, ein Reiter, der sich in der Ferne bewegt, oder ein Vogel, der eben abhob und nun auf dem Ast eines Baumes hockt. Oder der Hund hört ein Geräusch, das ihn aufmerksam verharren läßt. In diesem Moment kann es zu einem gelungenen Schnappschuß kommen. Der Hund wird dann auf dem Bild konzentriert und natürlich wirken. Gehorcht uns der Hund sehr gut, können wir ihn auch an geeigneter Stelle zum Verweilen bringen, dies im Sitzen, Liegen oder Stehen. Mit einem Laut oder Geräusch, das ihn reizt, erwecken wir oder unser Helfer, allenfalls auch der Besitzer selbst, die erhöhte Aufmerksamkeit des Hundes. Er wird für kurze Zeit die Ohren stellen, die Augen ganz öffnen, nicht selten auch den Kopf schräghalten. Auch das kann reizvolle Bilder geben. Hundesportlich ausgebildete Hunde kann man auch über eine Hürde auf die Kamera herankommen lassen und so im Sprung von vorn aufnehmen. Das hat den Vorteil, daß wir die Schärfe zuvor an der Hürde genau einstellen können. Schwieriger ist es, wenn wir den Hund im gestreckten Galopp von der Seite aufnehmen möchten. Dazu stellen wir ein Stück Holz oder legen einen Stein auf die Verbindungslinie des den Hund zurückhaltenden Helfers und des ihn auf unsere Aufforderung abrufenden Besitzers. Auf dieses Objekt stellen wir die Schärfe ein. Dann können wir die Kamera auf den Hund richten, ihm in seinem Lauf folgen und nach dem Passieren des Einstellobjektes abdrücken.
Eine überaus günstige Gelegenheit, den sich frei bewegenden Hund aufzunehmen, ergibt sich dann, wenn uns andere Hunde begegnen. Er vergißt uns dann völlig und zeigt sich in aufmerksamer und ausdrucksstarker Haltung. Es ist dies auch eine der wenigen Möglichkeiten, im Alleingang gute Bilder von seinem eigenen Hund zu machen.

Portrait des Besitzers mit seinem Hund

Solche Familienbilder werden oft verlangt, und sie können auch sehr hübsch sein, vorausgesetzt, man bringt die Hundehalter zu einem gelösten und natürlichen Verhalten. Das gelingt aber erfahrungsgemäß nicht immer, es gibt Menschen, die sich in dieser Situation notorisch verkrampfen. Manchmal hilft noch der Versuch, ihnen einen unerwarteten Auftrag zu erteilen, etwa wenn man sagt: «Bitte nehmen sie doch den Schaumspritzer von der Lefze ihres Hundes». Bis sie diesen imaginären Spritzer als nicht existent erkannt haben, haben wir längst abgedrückt.

Wichtig ist bei solchen Portraits, daß wir am Ende nicht einen langen Menschen neben einem Hund auf dem Bild haben, der nur einen Bruchteil von dessen Größe mißt. Also lassen wir die Besitzer sich setzen, oder wir bringen den Hund auf eine Erhöhung und stellen die Besitzer daneben. Das sieht dann auf jeden Fall besser aus.

Aufnahmetechnik
In Ergänzung der Ratschläge für Foto-Amateure lassen wir noch einige Hinweise zur Aufnahmetechnik folgen.
Objektive: Haben wir eine Kamera mit auswechselbaren Objektiven, verwenden wir mit Vorteil diejenigen mit Brennweite 105 mm oder 135 mm. Das erlaubt uns, einen gewissen Abstand vom Hund zu halten, wodurch wir auch mehr Übersicht bezüglich der Aufnahmesituation erreichen. Bewegt sich der Hund, vermögen wir ihm so auch besser zu folgen mit der Kamera. Probleme ergeben sich mit Zoom-Objektiven, es kommt damit oft zur Unschärfe. Am besten entscheidet man sich für eine bestimmte Brennweite, die man dann nicht mehr verändert.
Lichteinfall: Anzustreben ist, daß man auf einem Hundefoto die Augen des Hundes wirklich sieht, und dies ist meist nur dann der Fall, wenn sie Glanzlichter aufweisen. Wir sollten also darauf achten, ob genügend Licht aus der entsprechenden Richtung einfällt, bevor wir abdrücken. Glanzlose Hundeaugen entwerten ein solches Foto. Bei dem Wuschelkopf eines Briards oder eines Bobtails ist es freilich schwer, überhaupt ein Auge zu sehen. Die attraktiven Haarsträhnen können natürlich auch fotogen wirken. Gelingt es uns jedoch, zumindest ein Auge aus dem Haarknäuel herausblinken zu lassen, indem wir die Strähnen etwas auseinanderschieben, belebt dies das Bild erheblich. Blitzlichtaufnahmen ergeben oft «leere» Augen, weil das Licht so stark reflektiert wird, daß häßliche weiße Flecken anstelle von Augen zu sehen sind. Vermeiden läßt sich das, indem wir den Blitz schräg einfallen lassen, was bedingt, daß wir ein mobiles Blitzgerät verwenden. Bei Innenaufnahmen können wir auch die Decke oder eine Wand anblitzen. Eine weitere Möglichkeit: Wir nehmen den Hund schräg von der Seite auf, damit das Licht nicht vom Auge reflektiert wird.
Hintergrund: Ein unruhiger Hintergrund lenkt vom eigentlichen Bildgegenstand ab. Wir wählen also einen möglichst einförmigen und nicht zu hellen Hintergrund. Es kommt vor, daß wir ein aus-

gezeichnetes Bild von Hund und Meister haben, wo aber dem Tier oder dem Menschen eine Telefonstange sozusagen aus dem Schädel wächst, weil wir auf derart markante Objekte im Hintergrund nicht geachtet haben.
Es ist deshalb gut, wenn wir uns vor dem Abdrücken nochmals auf den Hintergrund konzentrieren. Wir können den Hintergrund aber auch ausschalten, wenn wir von erhöhter Position schräg nach unten aufnehmen, so daß nur die Bodenfläche sichtbar wird.
Die Rute des Hundes: Hunde mit Schwanz, der auf dem Bild nicht zu sehen ist, wirken irgendwie unnatürlich. Versuchen wir also, diesen wichtigen Körperteil des Hundes, mit dem er so vieles auszudrücken vermag, auf das Bild zu bringen. Zu warten, bis er allenfalls wedelt, ist kein erfolgversprechendes Mittel, weil uns dann bestimmt andere wichtige Details entgehen. Mehr Erfolg verspricht eine ganze Reihe von Aufnahmen des gleichen Motivs. Wer die Materialkosten scheut, sollte überhaupt nicht als Hundefotograf tätig werden.
Schwarze Hunde: Es besteht immer die Gefahr, daß bei schwarzhaarigen Hunden die Struktur des Fells auf dem Bild nicht sichtbar wird. Starkes Licht ist erforderlich, um dies zu vermeiden. Dieses Licht wirkt besser, wenn es gegen den Haarstrich einfällt oder wenn der Hund zuvor leicht befeuchtet wird. Verfügt man über ein Blitzgerät, setzen wir dieses in solchen Fällen zum Aufhellen ein.
Wiederholungen: Möchten wir einen bestimmten Vorgang fotografieren, sollten wir bedenken, daß jede Wiederholung dem Hund widerstrebt. Das heißt, daß er dann nicht mehr interessiert am Geschehen ist. Wird er zur Wiederholung gedrängt, ist er bald frustriert und kaum mehr fotogen. Es geht also darum, alle nötigen Vorbereitungen zu treffen, bevor wir den Hund agieren lassen. Dazu gehören das Einstellen der Kamera und die Absprachen mit den beteiligten Personen. Noch besser, man spielt den ganzen Vorgang mit einem andern Hund durch, bevor man zur Aufnahme schreitet.

Geschenk

Bitte nicht schenken, ohne zu denken
«Meine Enkelin hat ihn mir aus Spanien mitgebracht. Ich habe ihn ja gern, aber ich bin dem temperamentvollen Hund einfach nicht gewachsen. Er zerrt dermaßen an der Leine, ich bin schon zweimal hingefallen.»

Nur wenn die Eltern die Verantwortung für das Tier übernehmen, wird der geschenkte Hund auf die Dauer Freude bereiten.

Das sagte betrübt eine siebzigjährige Dame, die einen mittelgroßen, etwa dreißig Kilogramm schweren hübschen Hund namens Johnny ihr eigen nannte. Er war ein Vorstehhund-Typ mit kurzem braunem Fell und wunderschönen dunklen Augen, die erwartungsvoll in die Welt blickten. Er wedelte fast ständig mit dem Schwanz und suchte Kontakt mit jedermann. Als ich ihn zum erstenmal sah, war er ungefähr ein Jahr alt. So genau wußte man das nicht. Die achtzehnjährige Enkelin der Besitzerin hatte ihn auf einer Ferienreise aufgegriffen, als er etwa vier Monate alt war.
Der Zufall wollte es, daß ich wenige Tage nach dem Gespräch mit der Großmama ihrer Enkelin begegnete. Sie war sympathisch, fröhlich, unternehmungslustig und tüchtig. Daß sie auch ehrlich war, ergab sich dann im Laufe unserer Unterhaltung. Ich ließ mir nämlich die Gelegenheit nicht entgehen, herauszufinden, wie denn Johnny zur Großmutter gekommen war, und ich sprach das Mädchen darauf an.
«Ach Johnny – na wie geht es ihm denn?» war ihre arglose Gegenfrage. – «Ihm geht es gut, nur die Großmama ist ganz verzweifelt. Sie fühlt sich dem Hund nicht gewachsen, ist schon zweimal gestürzt», erwiderte ich. – «Sie hat mir am Telefon etwas davon gesagt, aber von Verzweiflung war überhaupt nicht die Rede», meinte sie leicht aggressiv. «Vermutlich will sie Sie nicht damit belasten, aber schlimm ist es schon. Sie liebt den Hund, und doch muß sie ihn vermutlich weggeben.»
Das Mädchen – nennen wir sie Susi – blickte mich kurz an und schwieg dann eine Weile. «Hören Sie», nahm sie das Gespräch wieder auf, «ich erkläre Ihnen, wie das alles gekommen ist. Aber Sie müssen mir versprechen, der Oma zu helfen. Vielleicht kommt sie dann doch noch zurecht mit Johnny.»
«Das ist nicht so sicher, aber einen Versuch werde ich machen», räumte ich ein.

Wie Johnny in die Schweiz kam

Und so erfuhr ich dann die Geschichte von Johnny. Eine Geschichte übrigens, die sich seit Jahren immer wiederholt und die sich wohl auch künftig ereignen wird. Susi erzählte: «Wir hatten es wahnsinnig lustig in Spanien vor einem Jahr. Wir waren mit dem Wohnmobil meines Freundes unterwegs, fuhren aufs Geratwohl durch die Gegend. Nicht nur der Küste entlang, wir besuchten auch das Landesinnere. Als wir eines Morgens den Wagen ver-

ließen, um uns die Stadt Ronda anzusehen, stand Johnny vor uns, blickte uns an und wedelte. Er war noch ganz klein und allerliebst. Ich gab ihm ein Stückchen Schokolade. Das war wohl ein Fehler, denn jetzt humpelte uns der Kleine ständig nach. Zweimal versuchten wir ihn loszuwerden, indem wir ein Gebäude betraten und es auf der anderen Seite wieder verließen. Aber Johnny war auf einmal wieder da. Auch am anderen Morgen stand er wiederum vor dem Wagen. Er mußte Hunger haben. Wir gaben ihm von unserem Frühstück etwas ab, und plötzlich sprang er zu uns ins Wohnmobil. Es war einfach unmöglich, ihn loszuwerden. So landeten wir zehn Tage später alle drei in Zürich. Mein Freund hatte den Hund noch in Spanien abschütteln wollen, aber da protestierte ich heftig und versprach, zu Hause dann schon für ihn zu sorgen. Doch das war dann schwieriger, als ich gedacht hatte. Ich arbeite tagsüber und meine Mutter auch. Als die Oma sich so freute über den Hund, schenkte ich ihn ihr. Sie hat ja Zeit, und er war ja noch so klein.» Susi schien damit erzählt zu haben, was zu erzählen war. Doch dann fügte sie noch etwas hinzu: «Ein richtiges Geschenk ist das wohl nicht gewesen, eher eine Notlösung.»
Nun, die Geschichte endete damit, daß eine Freundin von Susi, die halbtags arbeitete und einen Hund suchte, Johnny übernahm. Für die Großmama war das ein harter Abschied, aber es sind dies nicht die einzigen Tränen gewesen, die infolge der unbedachten Übernahme oder Schenkung eines Hundes vergossen worden sind. Immerhin mußte in diesem Fall der Hund nicht selber darunter leiden. Doch werden gewöhnlich solche Tiere an den Tierschutz abgegeben. Er kann aber auch über einen Hundehändler in einem Versuchslabor enden. Und nicht selten werden unerwünscht gewordene Hunde ausgesetzt.

Der Hund ist kein Geschenkpaket

Gerade wenn Weihnachten näherrückt, kann man nicht genug tun gegen die naive Vorstellung, ein niedlicher Hund mache auf jeden Fall viel Freude. Natürlich ist ein Kind beglückt, wenn es unterm Tannenbaum einen Welpen findet. Das Glück dauert aber nur an, wenn die Eltern bereit sind, ihr Kind bei der Haltung des Hundes zu beraten und tatkräftig zu unterstützen. Die Verantwortung ihm allein aufzubürden – gar noch unter der Drohung «Sonst nehmen wir ihn dir wieder weg» – überfordert es. Kinder sind noch sehr labil und wechseln ihre Interessenbereiche oft schnell. Sie bei Vernachlässigung eines Heimtieres zu strafen, fördert ihr Verantwortungsgefühl nicht. Besser, man geht mit dem guten Beispiel voran und sorgt selbst für das Tier, dann wird das Kind von uns lernen. Selbstverständlich kann sich auch ein älterer, einsamer Mensch über ein «vierbeiniges Geschenk»freuen. Was aber, wenn er pflegebedürftig wird oder in ein Altersheim zieht? Dorthin darf er den Hund meistens nicht mitnehmen, auch wenn das an sich zu wünschen wäre. Stets sollte man zumindest vorgängig bei den zu Beschenkenden abklären, ob sie wirklich einen Hund übernehmen möchten. Als Überraschungspräsent eignet sich ein Hund schon gar nicht.

Hundebücher

Wer zum ersten Mal einen Hund anschafft, tut gut daran, sich anhand eines Fachbuches für das vorzubereiten, was ihm bevorsteht. Nur sollte er nicht allzuviel davon erwarten, denn die Hauptsache, nämlich die Praxis, muß man selbst bestehen. Es begegnen uns bei der Konfrontation mit einem «neuen» Hund, sei er ein Welpe, sei er ein erwachsenes Tier, stets Dinge, die in keinem Buch stehen. Wir müssen uns dann allein entscheiden, wie wir uns verhalten wollen. Ein Beispiel: Der zehn Wochen alte Welpe packt mich beim Spazieren immer wieder an der Hose und hat sie dabei mit seinen scharfen Zähnen mühelos perforiert. Was tun? Wer erfahren ist und später Hundesport treiben will, hat Hemmungen, dem Packen massiv entgegenzuwirken, weil der Kleine ja später genau das tun soll. Also überlegt er sich sein Vorgehen, entschließt sich vielleicht, einen weichen Gegenstand mitzunehmen, den er dann im richtigen Augenblick dem das Bein «angreifenden» Welpen vor die Nase hält. In der Regel werden sich dann dessen Zähnchen in diesen Tuchfetzen graben, und mit der Zeit wird der Hund jenes behoste Bein vergessen, das ihn beim Schreiten so stark gereizt hat. Wer nun aber keinen Wert auf hundesportliche Ausbildung legt, hat es einfacher. Mit einem wohlgezielten Klaps kann er dem Welpen das Anfassen der Hose in den meisten Fällen verleiden. Man sieht an diesem Beispiel, daß ein neu angeschaffter Hund oft Unerwartetes tut, und wir haben dann möglichst umgehend zu entscheiden, wie wir korrigieren wollen.

Vorchristliche Grabplatte aus Ägypten. Der Hund galt als tröstlicher Begleiter des Menschen auf dem Weg ins Jenseits.

Die Darstellung einer beginnenden Rauferei aus dem 18. Jhdt. zeigt, daß man auch damals Hunde durch Geschrei und Gestik aggressiver stimmte, als sie eigentlich waren.

Ulysses, ein Mischlingsrüde aus Florenz, bewacht hier die Bude seines abwesenden Meisters. Wird er durch diesen von der Kette gelöst, ist er ein kontaktfreudiger und menschenfreundlicher Hund. Hunde können eben Bereiche unterscheiden und sich entsprechend unterschiedlich verhalten.

Deutscher Schäferhund-Rüde, sieben Jahre alt, mit einjährigem Leopardenweibchen, das an seiner Seite aufgewachsen ist. Die Domestikation bewirkt, daß der Hund als Nachfahre des Wolfes sich lebenslang mit Menschen sozial verhält. Anders die nicht domestizierte Raubkatze. Sie wird nach der Geschlechtsreife gegenüber dem Menschen unberechenbar.

Angewandte Übung: Sitzen vor dem Überqueren der Straße.

Hier wird dieses sich Hinsetzen vor dem Randstein in der Gruppe geübt.

Das Hundehalfter «Halti» ist das beste Mittel, um dem Hund das Zerren abzugewöhnen. WICHTIG: ein Karabinerhaken der Leine bleibt am Halsband, der andere wird im Ring des Halfters eingehakt. Nur wenn der Hund am Halsband zerrt, wird korrigierend am Halfter gezogen.

Als zweites Beispiel sei das Problem der ersten Nächte erwähnt. Hat jemand einen Schlafplatz vorbereitet, vielleicht einen Korb im Flur, will er normalerweise auch, daß der Hund von Anfang an darin schläft. Damit setzt er sich möglicherweise einem nicht aufhören wollenden Jaul-Konzert aus, und außerdem kann die Schlafzimmertür arg zerkratzt werden. Wer hier «eisern durchhält», weil er gehört hat, man müsse mit Hunden konsequent sein, kommt vielleicht nach einigen Tagen zum Erfolg. Dies geschieht aber auf Kosten eines raschen Aufbaus des Verhältnisses zum Hund. Nicht umsonst verlangen Ausbilder von Blindenführhunden, daß man den übernommenen Führhund anfänglich dort schlafen läßt, wo man selbst schläft, natürlich nicht im Bett, aber daneben. Die Erfahrung zeigt übrigens, daß dann der Hund nach einigen Tagen oder Wochen von selbst den Liegeplatz im Flur vorzuziehen beginnt. Er ist meist weicher als der Schlafzimmerboden und vermittelt zudem durch seine Begrenztheit (Korb, Kiste) dem Hund das Gefühl von Geborgenheit.
Ein Hundebuch vermag, wie wir sehen, kaum auf all die kleinen Probleme eine Antwort und Hilfe zu bieten, die sich im Zusammenleben mit dem Hund tatsächlich ergeben. Man darf demnach nicht zuviel von der Lektüre erwarten. Und man muß außerdem damit rechnen, daß man gerade das, was man nun wissen möchte, gar nicht findet.

Wie liest man ein Hundebuch?

Beim Kochen ist es einfach: Das Rezept für unser in Aussicht genommenes Menü ist schnell gefunden. Bei der Behandlung unseres Hundes können wir zwar auch über ein Inhalts- oder Stichworteverzeichnis einen Hinweis zum aufgetauchten Problem finden, aber ob dieser Hinweis gerade auf unseren Hund zugeschnitten ist, bleibt fraglich. Jeder Hund reagiert anders. Es gibt niemals ein Rezept, das unbedingt erfolgreich anzuwenden ist, sondern eine ganze Palette von Möglichkeiten. Um nun die in unserem Buch vermutlich enthaltenen Anregungen zur Lösung eines bestimmten Problems in nützlicher Frist zur Verfügung zu haben, sollten wir beim Lesen jene Stellen deutlich markieren, etwa auch mit einer handschriftlichen Bemerkung versehen, von denen wir später unter Umständen Hilfe erwarten dürfen. Ein Buch, das man so benützt, wird bald einmal zu einem Band, in dem wir uns auskennen und dessen Ratschläge wir in die Praxis umzusetzen vermögen. Es ist somit wenig nützlich, mit dem Lesen zu warten, bis uns der Hund ein Problem aufgibt. Besser, wir stöbern ab und zu im Text, entnehmen dem Inhaltsverzeichnis einen Abschnitt, oder lesen ganz einfach dort, wo wir per Zufall aufgeschlagen haben. Oft stoßen wir dann auf eine Darlegung, die uns im Hinblick auf den eigenen Hund besonders interessiert. Es gibt auch einige wenige Hundebücher, die so spannend geschrieben sind, daß man sie von A bis Z durchliest. Dennoch müssen wir dasselbe Buch später in der oben beschriebenen Weise bearbeiten, wollen wir es zu einem nutzbringenden Helfer für uns gestalten.

Hundesport

Einmal Erlerntes weiterüben

Was immer der Hund gelernt hat – sei es durch den Besitzer selbst, sei es mit dem Besitzer in einem Anfängerkurs – er neigt stets dazu, es wieder zu «vergessen». Je stärker ausgeprägt seine Persönlichkeit ist, desto eher wird er versuchen, bestimmte Dinge nur noch verzögert oder gar nicht mehr zu tun, die er doch bisher auf unser Hörzeichen hin sehr gut gemacht hat. Das liegt ganz einfach in seiner Natur und darf ihm nicht übel genommen werden. Im Gegenteil, wir sollten uns freuen über seinen eigenen Willen (nicht Eigenwillen!), den er mit seiner Widerspenstigkeit zum Ausdruck bringt. Am besten begegnen wir jener Widersetzlichkeit, indem wir die bekannten Grundübungen erneut mit aller Exaktheit, aber auch in aller Ruhe und Bestimmtheit vornehmen. Bald wird unser Hund darauf ansprechen und uns wie zuvor gut gehorchen. Gerade mit diesem Nachfassen in der Erziehung festigt sich unsere Beziehung zum Hund, und er wird uns sein Vertrauen immer vorbehaltloser schenken.
Eine solche Nacherziehung hört bei einem temperamentvollen und wesenssicheren Hund eigentlich nie auf. Selbst die besten Gebrauchshunde bedürfen eines ständigen Trainings, soll ihre Leistung nicht abnehmen. Aber für unseren Haushund benötigen wir dazu nicht mehr Zeit, als uns die regelmäßigen Spaziergänge ohnehin abfordern. Nur dürfen wir dann den Hund nicht dauernd sich selbst überlassen, sondern müssen ab und zu wieder etwas von ihm verlangen. Zum Beispiel legen wir eine Abrufübung ein oder wir machen an geeigneter Stelle eine Bleibübung. Hin und

Die Freude am Hundesport – hier ein Sanitätshund beim Auffinden einer Person – ist hier augenfällig.

wieder sollten wir uns auch etwas Neues einfallen lassen, damit es uns und dem Hund nicht zu langweilig wird.
Eine solche Weiterbildung des Hundes im Alleingang verlangt von uns Hundebesitzern allerdings einige Bemühungen und auch etwas Phantasie. Es gibt jedoch eine Möglichkeit, wie wir auf sehr bequeme Weise neue und sinnvolle Dinge mit dem Hund unter kundiger Leitung vornehmen können, und das ist der Hundesport. Er wird von den Vereinen und Rasseklubs der Landesverbände betreut. (Adressen finden sich im Anhang des Buches). Grundsätzlich hat jedermann Gelegenheit, in einem solchen Verein mitzumachen, dies meist auch mit papierlosen Tieren.
Sehr viele dieser Arbeitsgruppen bieten der Bevölkerung ihrer Region auch ein- bis zweimal jährlich sogenannte Erziehungskurse an, wo die Vereinszugehörigkeit nicht vorausgesetzt und auch nicht verlangt wird. Man kann diese Erziehungskurse als Schnupperlehre im Hundesport betrachten, wo wir uns darüber klar werden können, ob wir später ernsthaft Hundesport betreiben möchten.

Vom Erziehungskurs zum Hundesport
Aus den erwähnten Erziehungskursen oder Anfängerkursen der Vereine und Rasseklubs stammen wohl die meisten Nachwuchshundesportler. Eher selten kauft sich jemand einen Hund mit der Absicht, später mit ihm zu «arbeiten», worunter das Üben im Verein und das Ablegen von Prüfungen zu verstehen ist.
Es gibt verschiedene Prüfungsklassen, die alle die Fächer Unterordnung (Gehorsamsübungen), eine Nasenarbeit (Fährte und/oder Suchen nach Personen und Gegenständen) sowie bei den Schutzhundeklassen die Arbeit am geschützten Mann beinhalten.
Aber für den Beginn müssen wir uns keineswegs entschließen, in welcher Klasse wir einst debütieren möchten. Bis dahin liegt ohnehin noch ein langer Weg vor uns. Vorläufig geht es einfach darum, die Übungen für Anfänger in einem Verein zu besuchen. Hier werden wir mit jenen Vorgängen vertraut gemacht, welche später auch an den Prüfungen verlangt werden. Das geht vom Setzen und Hinlegen über das Gehen bei Fuß, mit und ohne Leine, bis zur Arbeit mit der Nase auf der Fährte und im Revier, wo nach Gegenständen oder Personen gesucht wird. Eine wichtige und oft auch fürs Weitermachen entscheidende Übung ist das Apportieren eines vom Besitzer ausgeworfenen Gegenstandes. Hier wird vom

Hund sehr viel gefordert, und nicht jeder Besitzer erweist sich dabei geduldig und konsequent genug, um zum Ziel zu gelangen.
Aber auch nicht jeder Übungsleiter ist diesem Teil der Ausbildung gewachsen, wo je nach der Persönlichkeit des Hundes und des Meisters vorzugehen ist. Mit einer stur durchgepaukten einzigen Methode kommt man dabei nicht zum Erfolg. Andererseits gelingt das Apportieren am Ende mit jedem Hund, sofern nur der Besitzer die Geduld nicht verliert und durchhält, bis es dann oft ganz plötzlich doch klappt. Freilich sollten sich hier stets die erfahrensten und geschicktesten Ausbilder eines Vereins der Anfänger annehmen, was leider nicht immer der Fall ist. Dort, wo nicht die besten Übungsleiter die Neulinge betreuen, ist die Zahl der aufgebenden Hundebesitzer auch bedeutend größer. Das ist schade, denn oft verliert der Hundesport dadurch die besten Leute, nämlich jene, die mehr Wert auf ein gutes Verhältnis zu ihrem Hund legen als auf unter «Druck und Murks» erreichte Prüfungserfolge. (Empfehlenswertes Buch siehe Seite 199)

Anfangsschwierigkeiten
Jeder Anfänger wird die Erfahrung machen, daß sein Hund einzelne Übungen bald in erwünschter Weise ausführt, während er mit anderen Übungen längere Zeit nicht zurechtkommt. Doch gerade in jenen Bereichen, wo es schwierig wird, beginnt der Hundesport interessant zu werden. Der Hundeführer muß nun Wege suchen und finden, die seinem Hund besonders gut entsprechen, um zum Erfolg zu kommen. Dabei ist er in der Regel auf die kompetente Anleitung und moralische Unterstützung des Übungsleiters angewiesen. Es gibt aber auch einige wenige Hundebücher, die uns zumindest anregen können.
Da man als Anfänger im Verein neben andern Anfängern steht, die auch Probleme mit der Ausbildung ihres Hundes haben (wenn auch oft nicht dieselben wie wir selbst), ist man nicht alleingelassen und vermag im Normalfall die Mißerfolge so zu verkraften, daß man trotz allem motiviert bleibt. Einfacher gesagt, man verliert nicht die Freude an der sportlichen Zusammenarbeit mit seinem Hund.
Und noch etwas: gerade aus dem Überwinden der Anfangsschwierigkeiten an der Seite von andern Hundeführern kann eine sehr nette Kameradschaftlichkeit entstehen, nicht selten auch eine echte Freundschaft. Dies setzt aber voraus, daß man sich an den Aus-

bildungs- und Prüfungserfolgen anderer Hundeführer zu freuen vermag und sich nicht darüber ärgert, was leider auch vorkommt. Aber hier wird doch der erzieherische Wert des Hundesports im menschlichen Bereich gut sichtbar.
Es ist für den Anfänger gut zu wissen, daß selbst erfahrene Hundeführer und Ausbilder mit dem eigenen jungen Hund diese Anfangsschwierigkeiten zu überwinden haben. Der Aufbau eines Sporthundes geht nie so reibungslos vor sich, wie man es sich immer wieder vorstellt. Wir benötigen stets Ausdauer und Durchhaltevermögen. Selten ist es der Hund, der versagt, sehr oft jedoch der Besitzer. Hauptursachen sind Mangel an Geduld mit sich selbst und dem Hund sowie falsche Vorstellungen vom Aufwand, der nötig ist, um das Ziel zu erreichen. Ist aber einmal der Anfang gemacht, hat man eine gewisse Sicherheit im Umgang mit dem Hund erreicht, so wächst aus der hundesportlichen Betätigung viel Genugtuung und Freude. Jetzt ist man auch innerlich gut vorbereitet für die erste Prüfung.
Hilfe für Anfänger und Fortgeschrittene sowie nähere Angaben darüber, wann und womit man beginnen soll, finden sich in meinem Buch «Der neue Weg der Hundeausbildung» (Müller Rüschlikon Verlags AG, Cham, fünfte Auflage), das über jede Buchhandlung zu beziehen ist.

Schutzhundeausbildung macht den Hund weder «scharf» noch «böse»

Manche Leute haben eine Abneigung gegen die Schutzhundeausbildung. Einerseits ist dies begreiflich, nämlich dann, wenn jemand Zeuge von unsorgfältiger und unvernünftiger Arbeit mit dem Schutzhund geworden ist. Leider kommt dies nicht selten vor. Manche Übungsleiter und Hundeführer haben derart Angst davor, daß ihr Hund später nicht den Mann im Schutzanzug kräftig genug packen und festhalten würde, daß sie viel zu früh und mit untauglichen Mitteln den jungen Hund in dieser Übung drillmäßig hetzen. Ist dann der junge Hund noch nicht reif, aus eigenem Impuls und mit Lust und Freude an den Mann zu gehen, wird er mißtrauisch gemacht. Das heißt, man drangsaliert ihn auf unschöne Weise, worauf er aggressiv reagiert.
Genau das sollte aber vermieden werden. Denn die fachgerecht ausgeübte Arbeit am Mann, der sogenannte Schutzdienst, soll für den Hund ein tolles Spiel sein, das er heiß liebt. Dem Hundeführer

ergibt sich daraus die Möglichkeit, seinen Hund auch in erregtem Zustand sicher unter Kontrolle zu halten. Grundsätzlich wird also bei fachgerechtem Vorgehen der Hund im Schutzdienst nicht scharf gemacht, es wird ihm vielmehr Intensität im Verhalten und erhöhte Wesenssicherheit vermittelt. Beides äußerst wichtige Eigenschaften für den Gebrauchshund. Deshalb wird zum Beispiel auch von den Katastrophenhunden die Ausbildung im Schutzdienst verlangt, soweit verantwortungsbewußte Ausbilder am Werk sind. Wir können also ruhig unsere Vorbehalte gegenüber der Schutzhundeausbildung auf jene Vereine beschränken, wo im oben beschriebenen Sinne falsch vorgegangen wird. Wo immer drangsaliert und das Mißtrauen des Hundes geweckt wird, wenden wir uns besser ab. Wo aber deutlich die Freude am Spiel und die Exaktheit in der Ausführung ins Auge fällt, wird auch der Laie erkennen, daß diese Arbeit dem Hund förderlich ist und ihn keineswegs aggressiver und damit weniger zu sozialem Verhalten fähig macht.

Prüfungen für Jagdhunde – Rennen für Windhunde und Pudel
Für Besitzer von Jagdhunderassen besteht die Möglichkeit, an speziellen Jagdhunde-Leistungsprüfungen teilzunehmen. Haltern von Windhunderassen ist das Mitmachen an Windhundrennen möglich. Für Pudelbesitzer gibt es Pudelrennen. All das ist natürlich auch hundesportliche Betätigung und kann viel Freude bereiten.

Jogger

Vor einiger Zeit fand in Zürich unter dem Titel «Der Hund, das unbekannte Wesen» eine Veranstaltung statt, die sich speziell an die Nichthundehalter wandte, um durch klare Informationen das allgemeine Verständnis und damit natürlich auch die Toleranz zu fördern. Hierbei wurde auch das Thema Jogger und Hund aufgegriffen und den Zuschauern vor Augen geführt. Man sah also leibhaftige Jogger, die sich mit verschiedenen Hunden auseinanderzusetzen hatten, und wer Lust hatte, konnte auch selbst den Jogger spielen. Als erstes wurde jedoch ein Hund gezeigt, der einen ausgeworfenen Ball verfolgt und fängt. Danach wurde erklärt, daß der Anreiz zur Verfolgung in der Bewegung des Objektes liegt und

Was sich bewegt, reizt den Hund. Er will jedoch hier das Kind nicht beißen, sondern das Gefährt aufhalten.

Ist man seines Hundes nicht ganz sicher, ruft man ihn besser früh genug und ruhig ab, wenn ein Jogger sichtbar wird.

daß auch beim Jogger nicht eigentlich der Mensch den Anreiz zum Nachrennen des Hundes bietet, sondern eben dessen Bewegung. In einem Merkblatt, das abgegeben wurde, wurde dieser Umstand wie folgt formuliert:

Was der Jogger vom Hund wissen sollte

Der Hund sieht im Jogger nicht einen Menschen, den er angreifen will, sondern ein sich schnell fortbewegendes Objekt, das ihn zur Verfolgung anreizt. Bleibt der Jogger stehen und verhält sich ruhig, ist er für den Hund wieder zum Menschen geworden, mit dem er vertraut ist.

Grundsätzlich hat der Jogger zwei Möglichkeiten, einen Hund, der ihm nachrennt, loszuwerden, nämlich:

Erstens: Er ignoriert ihn und setzt seinen Weg in gleichbleibendem Tempo fort, dies ohne jede Abwehrbewegung.

Zweitens: Er hält an, wartet kurz, wobei er den Hund beruhigend anspricht, ohne ihn dabei anzublicken, und geht dann zuerst in ruhigen Schritten weiter.

In jedem Falle sollten ängstlich ausweichende oder aggressiv bedrohende Handlungen seitens des Joggers unterbleiben, weil dadurch der Hund verunsichert wird und er dann – je nach seiner Wesensart – mehr oder weniger aggressiv reagiert.

Merkpunkte für Hundehalter

Auch den anwesenden Hundehaltern wurde bei diesen Vorführungen ein Merkblatt abgegeben, das wir hier veröffentlichen, weil es in fünf Punkten zusammenfaßt, was man als Hundebesitzer tun kann, um das leidige Nachrennen des eigenen Hundes zu verhindern.

1. Den Hund beim Spaziergang im Auge behalten, ebenso das Gelände.

2. Nähert sich ein Jogger, den Hund nicht aufgeregt mehrmals hintereinander rufen, sondern nur einmal, aber deutlich das ihm bekannte Rufzeichen geben. Danach sollte man sich abwenden und entfernen, wenn möglich auch verstecken. Dadurch wird dem Hund jede Unterstützung seines Vorhabens entzogen, welche er dann zu erhalten vermeint, wenn man sich aufgeregt rufend gebärdet und nähert.

3. Geht der Hund überraschend einen Jogger an, nachdem er dies zuvor nie getan hat, sollte man sich genau gleich verhalten, wie

unter Punkt 2 beschrieben. Das ist etwas schwieriger, weil damit im Jogger der Eindruck entsteht, man kümmere sich überhaupt nicht um den eigenen Hund. Aber es lohnt sich dennoch, weil der Hund schon dadurch gebremst beziehungsweise in seinem Fehlverhalten nicht unterstützt wird, daß er nichts vom Besitzer hört. Diese Bremswirkung hängt allerdings vom Verhältnis ab, das der Besitzer mit seinem Hund aufgebaut hat. Beschäftigt sich dieser weder innerlich noch äußerlich mit ihm, ist die Bremswirkung gleich Null. In einem solchen Fall sollte man sich aber keinen Hund halten.

4. Was immer geschieht, der Hundehalter sollte versuchen, dem betroffenen Jogger das Problem zu erklären, das er mit seinem Hund hat. Auf Vorwürfe des Betroffenen, der sich ja begreiflicherweise erregt, sollte er korrekt und verständnisvoll reagieren. Und er sollte ihn spüren lassen, daß er sich ernsthaft bemüht, den Hund unter Kontrolle zu halten.

5. Falls man das Pech hat, daß ein Kleiderschaden oder gar eine Verletzung entstanden ist, sollte man nicht mit dem Geschädigten verhandeln, sondern ihm die Haftpflichtversicherung angeben und den Schaden dann auch der betreffenden Gesellschaft melden. Diese wird dann die Schadenregelung direkt mit dem betroffenen Jogger vornehmen.

Hinweis

Es gibt tatsächlich Hundebesitzer, welche durch ihr aufgeregtes Reagieren den Hund geradezu zum Verfolgen der Jogger dressieren, ohne sich dessen bewußt zu sein. Das läßt sich öfter beobachten, als man denkt. Nicht immer werden in solchen Fällen gute Ratschläge befolgt.

Dem erfahrenen Hundeführer ist es auch möglich, durch das Werfen der Leine oder des Kettenbandes in die Nähe des Hundes diesen im Moment seines ersten Impulses von der Verfolgung eines Joggers abzubringen. Auch in dieser Situation ist Ruhe zu bewahren. Der Ruf zum Herbeikommen ist gleich nach dem Auftreffen des geworfenen Gegenstandens affektfrei und deutlich zu geben. Es empfiehlt sich, gleichzeitig kehrtzumachen und sich zu entfernen.

Um den Einfluß auf den Hund nicht zu verlieren, sollte man bei jedem Spaziergang mehrmals eine Abrufübung ganz korrekt durchführen. Überhaupt sollte man beim Spazieren den Hund nicht andauernd sich selbst überlassen, sondern sich mit ihm beschäftigen, indem man kleine Übungen oder Spiele einbaut. Tut man dies nicht, baut sich das, was man allgemein Appell nennt, im Hund ab. Unterbrechen wir also ab und zu das Gespräch mit unseren Begleitern und wenden wir uns dem Hund zu. Er wird sich freuen und beeinflußbar bleiben.

Kinder

Es ist verständlich, daß manche Eltern ihren Kindern zuliebe einen Hund anschaffen, in der Meinung, daß sie dadurch den Umgang mit einem anderen Lebewesen auf natürliche Weise lernen können. Freilich sollte man den Hund nicht als Spielzeug verstehen, denn das ist er in keinem Fall. Man kann ihn nicht wegstellen, wenn das Spiel vorüber ist, er bleibt lebendig gegenwärtig und hat seine Bedürfnisse, die man nicht ungestraft vernachlässigt. Es ist aber auch falsch, dem Kind die ganze Verantwortung für den Hund aufzubürden. Man muß bereit sein, ihm dabei zu helfen, sonst ist das Kind überfordert. Wenn wir dies tun, lernt das Kind an unserem Beispiel, was Verantwortung bedeutet. Hundehaltung bleibt eben immer eine Angelegenheit, welche die ganze Familie betrifft. Das sollte man vor der Anschaffung bedenken.

Gefahren vorbeugen

Ganz allgemein können wir die Kinder vor gefährlichen Reaktionen des eigenen oder anderer Hunde bewahren, indem wir ihnen begreiflich machen, daß man sich dem Tier nie aufdrängen soll, sondern besser wartet, bis es mit uns Kontakt aufnimmt. Erst dann sollte man es berühren, tätscheln und mit ihm spielen. Bei sehr kleinen Kindern ist eine solche Orientierung nicht möglich, hier gilt der Grundsatz, daß man sie nie länger mit dem Hund allein läßt. Auch ein scheinbar mit unserem Kleinkind vertrauter Hund erschrickt, wenn das Baby sich erstmals auf dem Bauch krabbelnd fortbewegt. Kann er nicht ausweichen, oder packt ihn das Kind mit seinen in diesem Alter unerhört griffstarken Händchen am Fell, wird es möglicherweise zum Schnappen kommen. Das kann zu erheblichen Verletzungen führen. Man kann sich in dieser Beziehung nicht auf die Hundebücher verlassen, wo fast alle Rassen als «kinderlieb» beschrieben sind. Diese Eigenschaft

Es ist nicht ungefährlich, ein Kleinkind einem Hund, den man nicht sehr gut kennt, auf diese Weise entgegenzuhalten.

ist nicht rassebedingt, sondern setzt ein sicheres Wesen des Hundes und eine frühe Gewöhnung an Kinder voraus. Schon der Welpe sollte Kontakte zu Kindern in seinen ersten zehn Lebenswochen erfahren dürfen und überhaupt in einer Umgebung aufwachsen, wo ihm jene Umwelterscheinungen geboten werden, denen er später ausgesetzt sein wird. Tiere, die in einer Scheunenecke oder einem Kellerwinkel groß werden, sind in ihrem Wesen später stets beeinträchtigt und unsicher.

Es ist auch bei älteren Kindern gut, wenn man sie auf gewisse Gefahren beim Umgang mit Hunden aufmerksam macht. Das gilt vor allem für das Spielen mit Hunden, die ja das Kind für einen Rudelgenossen halten. Tut man ihnen ungewollt weh, verhalten sie sich entsprechend, das heißt, sie reagieren rasch und hart. Menschenhaut ist aber bedeutend empfindlicher als ein Hundefell, und so kann es leicht eine Schramme absetzen. Allzu schnell spricht man dann von Beißen und bösartigem Verhalten.

Besonders gefährlich ist in diesem Sinne auch das Spiel mit Stökken. Schenkt das Kind der Schnelligkeit im Zupacken des Hundes

keine Beachtung, so kann dessen Fang den Stock hart fassen, bevor er noch aus der Hand gelangt ist und dann eben diese Hand erheblich verletzen.
Es gehört als Orientierung weiter dazu, dem Kind klar zu machen, daß auch ein Hund ab und zu seine Ruhe braucht, und daß man dieses Bedürfnis besonders bei weniger mit Kindern vertrauten Hunden zu respektieren hat.

Etwas unternehmen mit dem Hund
Mit Spielen allein ist das Bedürfnis des Hundes zu einem Zusammenwirken mit dem menschlichen Rudelgefährten auf die Dauer nicht zu befriedigen. Was aber läßt sich tun, um den Hund sinnvoll zu beschäftigen? Hierfür sollte man die Kinder anleiten. Am wirkungsvollsten sind alle jene Vorgänge, welche den Riechsinn des Hundes aktivieren. Hier ist er so intensiv angesprochen, daß seine Aktivität nicht mehr als Spiel bezeichnet werden kann. Man nimmt zum Beispiel einen Ball, den er kennt, und versteckt ihn irgendwo, während der Hund zurückgehalten wird oder angebunden bleibt. Dann läßt man ihn suchen. Oder bei einem Familienausflug begibt sich ein Teil der Gruppe ins Gelände weg, entschwindet den Blicken der Zurückgebliebenen und des Hundes. Nach einiger Zeit läßt man den Hund suchend nachgehen, sei es an der Leine, sei es freilaufend.
Unternimmt man mit dem Hund und mit den Kindern solche Übungen, erlebt man nicht nur viel Spaß, man lernt auch einiges über das Verhalten des Hundes. Und bald wird sich bei den Beteiligten auch der Wunsch bilden, noch mehr mit dem Hund zu unternehmen. Das wäre dann der Moment, um sich nach einem der vielen kynologischen Vereine umzusehen, die sich mit hundesportlicher Ausbildung befassen. Auch Kinder ab ungefähr zehn Jahren können hier mitmachen. Sie werden dabei manches lernen, vom sich Hineindenken in ein anderes Lebewesen über die Selbstbeherrschung (bei Mißerfolgen) bis zum Training in Geduld und konsequentem Vorgehen.

Knalleffekte

Nicht jeder Hundehalter empfindet in der Schweiz den Nationalfeiertag als Freudentag. Manche Hunde leiden offensichtlich unter den akustischen Begleiterscheinungen, die er mit sich bringt. Zischen von Raketen, besonders aber Knallen und Knattern der vielen kleinen, mittleren und großen Sprengkapseln können einen Vierbeiner in Panik versetzen. Warum ist das so? Gibt es eine schlüssige Antwort darauf? Läßt sich etwas dagegen tun?

Hofhund gerät in Panik

Hundebesitzer H. Sch. aus dem Bernbiet berichtet über seine Probleme mit dem sonst ruhigen, aber aufmerksamen Hof- und Wachhund Wipo (Schäfer-/Sennenhund-Mischung) das folgende: «Daß unser elfjähriger Wipo mit seiner Mordsangst vor dem 1. August nicht alleine ist, ist mir klar. Ungefähr eine Woche vor dem Nationalfeiertag fängt er an zu zittern und streicht um meine Beine herum, daß er mir alleweil im Wege ist. Das ist mir ein Zeichen dafür, daß ich ihn im Auge behalten muß, damit er nicht in den nahen Wald abschleicht und sich vor der «Chlöpferei» versteckt; er fürchtet diese Knallerei sehr und öffnet – wenn zufälligerweise nicht abgeschlossen ist – zwei Türen so leise, daß er, ohne gehört zu werden, zu uns in die erste Etage heraufkommt. Normalerweise verbringt er die Nacht im abgeschlossenen Hausschopf, wo er frei und ruhig auf seinem Lager liegt und alles hört, was ums Haus herum vorgeht, und dann auch Laut gibt.
Was ich aber an einem Morgen in diesen Raum antraf, erregte mein Gemüt dennoch sehr. Er hatte alles, was da hing oder stand, heruntergerissen oder umgeworfen. Meine Stiefel hatte er gar zerrissen. Als ich ihn deshalb in der folgenden Nacht anband, gelang ihm das Kunststück, trotzdem an meine Mähmaschine heranzukommen, deren Gaskabel er an sieben Stellen blank biß. Die mechanische Werkstätte erhielt sogleich Arbeit. Nun muß ich mich tatsächlich fragen, ob unser sonst ganz lieber Hund spinnt oder ob er nur den Verrückten spielt, um mir klarzumachen, daß er während der Knallerei zu uns in die Wohnung kommen möchte.»
Hundehalter H. Sch. hat gut beobachtet und eigentlich auch den richtigen Schluß gezogen, nämlich, daß sein Hund Kontakt zu ihm sucht, wenn er sich dermaßen fürchtet. Dabei ist ihm jedoch etwas passiert, das uns allen oft im Verkehr mit unseren Vierbeinern un-

terläuft: er nimmt an, daß sein Wipo in einer bestimmten Absicht «verrückt spiele». Dies ist einem Hund nicht möglich. Auch wenn ein Wachhund angibt, tut er es nicht, um den Meister herbeizurufen, sondern weil er sich beunruhigt fühlt. Dennoch sind wir immer versucht, hinter den Reaktionen unserer Hunde Absichten zu vermuten. Wie falsch das ist, erfährt man beispielsweise bei der Ausbildung von Such- und Rettungshunden. Hier muß in langwierigem Training dafür gesorgt werden, daß der Hund seinem Führer ein gefundenes Objekt (Person, Gegenstand) auch deutlich anzeigt. Von selbst tut er das nicht, erst eine gezielte Gewöhnung bringt ihn schließlich dazu.

Wie können wir den Hund beruhigen?

Es ist jene Geborgenheit, von der Herr H. Sch. spricht, die in erster Linie helfen kann. In unserer Nähe fühlt sich jeder gut gehaltene Hund stärker. Gewähren wir ihm also diese Möglichkeit, seiner Angst Herr zu werden. Dabei sollten wir jedoch nicht in das Jammern des betroffenen Vierbeiners einstimmen, sondern uns ihm gegenüber betont ruhig und bestimmt verhalten. Wir hätscheln ihn demnach nicht übermäßig, sondern verlangen im Gegenteil Gehorsam von ihm. Haben wir das früher geübt, so ist das für ihn ein vertrauter Vorgang, der ihn oft beruhigen kann. Es geht im Grunde darum, den Hund in eine andere Stimmung zu versetzen, was manchmal auch durch die Abgabe eines Leckerbissens gelingt. Bewährt hat sich auch besonders bei Junghunden, daß wir sie zu aggressivem Verhalten gegenüber den Knalleffekten reizen, indem wir etwa sagen: «Wo ist denn der Kerl, der so einen Lärm macht? Such ihn, faß ihn!» Diese Methode läßt sich auch bei Blitz und Donner anwenden, und sie hilft dem Junghund, die aufkommende Angst abzureagieren. Es ist dann vergnüglich, zu erleben, wie der Hund sich ermannt und zu bellen beginnt und unter unserem Lob stärker und stärker wird. Bei einigermaßen wesenssicheren Tieren wirkt dieses Vorgehen meist positiv. Bei allgemein ängstlichen Hunden jedoch ist oft jede Mühe umsonst. Es bleibt uns dann nichts anderes übrig, als sie nicht allein zu lassen und das Abklingen der Angstreaktionen abzuwarten.

Ursachen schwer zu ermitteln

Warum auch recht sichere Hunde auf bestimmte Lärmformen schreckhaft reagieren, ist schwierig zu ergründen. Man erlebt in

dieser Hinsicht immer wieder Überraschungen. Erwiesen hat es sich, daß jene Hunde weniger zu solch unerwünschten Reaktionen neigen, die als Welpen in einer ereignisreichen Umgebung aufgewachsen sind. So konnten sie sich an alle denkbaren Einwirkungen frühzeitig gewöhnen.
Am Beispiel von Wipo wird übrigens deutlich, daß der Hund selbst etwas gegen die aufsteigende Panik unternommen hat, indem er sich aktivierte. Daß seine Tätigkeit Schaden angerichtet hat, ist zwar zu bedauern, doch scheint ihm sein auf Gegenstände gerichtetes Wüten geholfen zu haben, über die ausgestandene Angst hinwegzukommen. Dieser Gedanke möge alle Hundehalter mit ähnlichen Erfahrungen trösten. Daß unser Nationalfeiertag alljährlich zum Prüfstein für die Lärmfestigkeit der dreihunderttausend Schweizer Hunde wird, läßt sich nicht ändern. Dennoch möchten wir die Bevölkerung bitten, bei den üblichen Festlichkeiten nach Möglichkeit Rücksicht zu nehmen auf überempfindliche Hundeohren. Mit ihnen hört es sich etwa siebzehnmal besser als mit dem Menschenohr. Auch das ist natürlich mitbestimmend für die Angst so manchen Hundes gegenüber Knalleffekten, die wir als einen Ausdruck unserer Freude empfinden.

Maulkorb

«... eine korbartige Schutzvorrichtung aus Leder oder Drahtgeflecht verschiedener Formen, um den Hund am Beißen zu hindern. Ein zweckentsprechender Maulkorb muß nicht nur beißsicher sein, sondern auch gut sitzen, nicht drücken und freies Atmen ermöglichen.
Maulkörbe gab es im Altertum nicht, bissigen Hunden wurden Glocken umgehängt.» So beschrieb Heinrich Zimmermann den Maulkorb in seinem 1934 erschienenen «Lexikon der Hundefreunde».

Meinung gegen Meinung
Wie bei allem, was den Hund betrifft, gehen die Meinungen auch hier weit auseinander. Während die einen von einem Marterwerkzeug reden, das die Freiheit des Hundes einschränkt, halten andere den Maulkorb für ein nützliches und wirksames Mittel, um Mensch und Tier vor Hundebissen zu schützen.

Da bei uns der «Hund mit Maulkorb» eine eher seltene Erscheinung ist, weiß man nicht so recht, was man davon halten soll. Manche glauben, der Maulkorb mache den Hund erst recht bösartig, und einige sogenannte Kenner unterstützen diese Ansicht.
In einem Land, wo der Maulkorb in öffentlichen Gebäuden und Verkehrsmitteln vorgeschrieben ist – wie in Italien – wird der Beobachter bald einmal feststellen, daß sich die Hunde genau gleich verhalten wie bei uns, ob sie nun einen Maulkorb tragen oder nicht.
Man sieht dann auch, daß die Menschen den Hunden in beiden Fällen gleich begegnen: wer Angst vor Hunden hat, weicht ihnen aus – ganz egal, ob diese einen Korb tragen oder nicht. Bei uns wird eher dem maulkorbtragenden Hund ausgewichen, weil er eine ungewöhnliche Erscheinung ist. Man ist eben verunsichert. Und diese Unsicherheit versuchen wir nun hier abzubauen.

Wann empfiehlt sich ein Maulkorb?
Ob ein Hund zum Schnappen oder Beißen neigt, hängt nicht nur von seiner Grundanlage und der Art ab, wie er aufgezogen wurde, sondern ist in hohem Maße auch die Folge des Verhaltens seiner Besitzer.
Wer seinem eigenen Hund nicht traut oder wer ständig fürchtet, sein Hund könnte jemanden packen, stimmt das Tier immer aggressiver, als es von Natur aus ist. Das, was man fürchtet, tritt dann eben mit der Zeit auch ein. In solchen Fällen ist die Anwendung eines Maulkorbes – zumindest vorübergehend – zu empfehlen. Sie nimmt nämlich dem Besitzer die Angst, die sich so ungünstig auf den Hund auswirkt.
Dieser Fall von überängstlichen Hundebesitzern ist keineswegs selten. Manche Leute kaufen einen jungen Hund, ohne zu bedenken, daß er später nur erzogen werden kann, wenn man gewillt ist, gewisse Risiken einzugehen. Wer seinen Hund vor allem, «was da kommt und geht», zurückhält oder gar an der Leine zurückzerrt, verunsichert ihn nur, ohne daß er sich merken kann, was man eigentlich von ihm will: nämlich brav und zahm zu sein wie ein Lamm ...
Sicher ist ein Maulkorb auch dann zu empfehlen, wenn ein Hund in unerwünschter Weise scharf ist oder wenn bei ihm infolge falscher Behandlung das Schnappen und Beißen zur Untugend geworden ist. Durch den Korb wird ein Hund keineswegs noch

schärfer – im Gegenteil. Ein zum Raufer gewordenes Tier kann mit Maulkorb versehen unangenehme Erfahrungen machen, die es künftig zurückhaltender reagieren lassen.
Ganz unbedenklich kann ein Maulkorb dann angewandt werden, wenn ein Hund dazu neigt, alles, was er findet, in den Fang zu nehmen und zu verschlucken. Die Manie, weggeworfene Gegenstände wie Papiernastücher oder Plastikteile zu verschlingen, kommt vorwiegend bei jüngeren Hunden vor.
Sie wird nicht selten dadurch gefördert, daß der Besitzer aufgeregt schreiend den Hund vom Aufnehmen des betreffenden Objektes – es kann sich auch um Steine handeln – abhalten will. In Einzelfällen kann sich dieses Fehlverhalten so festsetzen, daß der Maulkorb die einzige sicher wirkende Gegenmaßnahme darstellt.

Wie gewöhnt man den Hund an den Maulkorb?
Die fachgerechte Gewöhnung an den Maulkorb ist in manchen Fällen schon deshalb nützlich, weil man sich gegenüber seinem Hund durchzusetzen hat. Gerade bei unerfahrenen Hundehaltern, die den Moment verpaßt haben, ihr wesensfestes Tier klar in den Familienbereich einzuordnen, kann dieser Vorgang Wunder wirken. Denn hierbei wird man zu jenem konsequenten Verhalten gezwungen, das für die Erziehung von Hunden unerläßlich ist, und das doch vielen Besitzern so schwerfällt. Folgende Punkte sind bei der Angewöhnung zu beachten:
1. Es muß von Anfang an verhindert werden, daß der Hund den Maulkorb je abstreifen kann. Gelingt ihm dies, wird er es immer wieder versuchen. Man muß somit das Band, das den Korb am Hals fixiert, sehr satt schließen. Keine Angst, der Hund wird nicht in Atemnot geraten – seine Halsmuskulatur ist äußerst robust.
2. Jetzt führt man den Hund an der Leine – am besten auf der gewohnten Spazierstrecke. Jedes Sträuben und jeder Versuch, den Korb loszuwerden, wird dadurch verhindert, daß man den Hund kräftig mitzieht und dabei im gleichen Tempo weitergeht. Sobald sich der Hund wieder auf unserer Höhe befindet, läßt man die Leine locker durchhängen. Bleibt er an unserer Seite, ist er zu loben.
3. Nach fünf Minuten wird der Hund wieder vom Maulkorb befreit und – je nach der Situation – freigelassen oder aber weiterhin an der Leine geführt.
4. Nach etwa zehn Minuten wird der Korb erneut befestigt, und man verfährt nun wie zuvor – aber nicht länger als fünf Minuten.

Wer mit dem Hund schon Übungen gemacht hat, kann diese nun mit dem maulkorbtragenden Hund durcharbeiten.

5. Mehr als drei Tragübungen von fünf Minuten sollte man beim ersten Versuch nicht machen – dies stets an der Leine und ohne anzuhalten. Erst am folgenden Tag schreitet man zur Wiederholung.

Sobald sich der Hund auch mit dem Maulkorb normal zu verhalten beginnt, indem er Interesse an Gerüchen, Geräuschen und optischen Erscheinungen zeigt, kann man ihn ableinen, wobei man selbst in Bewegung bleibt. Erst wenn sich der Hund im Freien an den Maulkorb gewöhnt hat, sollte man ihn bei Bedarf auch zu Hause damit versehen.

Mit diesem Vorgehen ist der Hund normalerweise in drei bis vier Tagen an den Maulkorb gewöhnt – spätestens in einer Woche. Dies unter der Voraussetzung, daß er den Korb nie abstreifen konnte.

Wie gewöhnt sich der Besitzer an den Maulkorb?

Viele Hundebesitzer haben eine starke Abneigung gegen den Maulkorb an sich, und an ihrem eigenen Hund können sie ihn sich schon gar nicht vorstellen, ohne geradezu Ekel zu empfinden. Das ist irgendwie zu verstehen.

Eigenartigerweise befällt jedoch gerade jene Leute eine besonders heftige Aversion, die es am wenigsten verstanden haben, auf ihren Hund erzieherisch einzuwirken und ihn damit zu einem akzeptablen Verhalten zu veranlassen. In solchen Fällen ist es nicht leicht, die Besitzer davon zu überzeugen, daß Maulkorbtragen eine sinnvolle und nützliche Maßnahme sein kann.

Im Gespräch wird dann meist deutlich, daß sich solche Leute ganz einfach schämen, mit dem maulkorbbewehrten Hund auszugehen. Sie fürchten sich vor den Fragen der anderen Hundehalter. Am besten rät man ihnen, den Leuten zu sagen: der Hund nehme ohne Maulkorb alles mögliche auf, wovor man ihn bewahren möchte.

Daß man Hemmungen hat, seinen Hund mit einem Maulkorb zu versehen, ist verständlich. Wenn es aber anders nicht geht, muß man sich damit abfinden können. Schließlich hat man dann auch den Vorteil, auf die Reise in ein Land vorbereitet zu sein, wo Maulkorbpflicht besteht. So ist es in Italien – und wer möchte nicht auch einmal in Begleitung seines Hundes in den Süden fahren?

Pflege

Damit unser Hund möglichst gesund bleibt, müssen wir ihn nicht nur fachgerecht füttern, sondern ebenso pflegen. Das wichtigste dabei ist, daß man ihn regelmäßig ausführt und bewegt.

Je nach seiner Haut- und Haarstruktur muß er mehr oder weniger oft und lang gebürstet, allenfalls auch gekämmt und gestriegelt werden. Doch heißt es hier aufpassen. Die Haut des Hundes ist empfindlich. Ritzen wir sie mit dem Kamm oder dem Striegel, kann sich leicht eine Infektion ergeben. Die Reizung mit zu harten Mitteln kann auch der Ausgangspunkt für Ekzeme sein. Man verwendet deshalb mit Vorteil Gummistriegel.

Jeder Pflegevorgang bringt uns mit dem Hund buchstäblich in hautnahen Kontakt. Gehen wir sorgfältig vor, freut er sich über die Prozedur, und das Kämmen, Bürsten und Striegeln kann zum vergnüglichen Spiel werden.

Pudel und Terrier sowie manche andere Rassetypen sollten regelmäßig zum Hundecoiffeur gebracht werden, will man ihre äußere Erscheinung in Form halten. Wer dies aber selbst tun möchte, orientiert sich anhand eines Fachbuches über das Trimmen und Scheren.

Das Baden des Hundes mit entsprechenden Haarwaschmitteln ist nicht unproblematisch. Im Grunde sind alle erhältlichen Shampoos zu aggressiv für die Hundehaut. Sehr bald wird die Talgschicht, welche die Haut bedeckt, abgetragen. Das hat den Nachteil, daß aller Schmutz, der dank der Talgschicht nach dem Trocknen leicht abfällt und gut ausgebürstet werden kann, nun kleben bleibt. Wer also oft im Gelände ist mit seinem Hund, tut gut daran, ihn möglichst wenig zu shampoonieren. Manchmal ist dies freilich nicht zu vermeiden, so etwa wenn sich das Tier in Jauche gewälzt hat. Dann verwende man aber nicht das erste beste für Menschenhaar bestimmte Shampoo, und spüle außerdem nach dem Waschen das Fell gründlich aus. Beim nächsten Spaziergang ist dann Vorsicht am Platz, denn manche Hunde neigen nach dem Bad besonders zum Sichwälzen.

Auch die Lagerstätte und die Transportbox im Auto müssen regelmäßig gereinigt werden. Bildet sich hier Staub, haben Bakterien aller Art, aber auch Flöhe, günstige Vermehrungsmöglichkeiten. Dem Flohbefall kann mit Pulver oder einem Flohhalsband begegnet werden.

Wenn Pfotenballen so aussehen, ist es höchste Zeit, sie zu pflegen oder mit einem Hundeschuh zu schützen.

Wichtig ist, daß der Hund nie länger der Zugluft ausgesetzt bleibt. Der Standort seines Lagers ist in dieser Beziehung zu überprüfen. Der Hund wird uns zu merken geben, wenn er eine bestimmte Stelle nicht liebt, und wir sollten uns nach Möglichkeit danach richten. Auch im Fahrzeug sollte der Hund nicht dem Fahrwind ausgesetzt sein.

Wird der Hund beim Spaziergang naß, sollte er nicht allzulange unbewegt bleiben. Vor einer längeren Heimfahrt im Auto trocknet man ihn am besten mit einem Tuch gut ab.

Zecken entfernt man, indem man sie eine Minute mit dem Finger stark hin und her bewegt. Dann kann man sie greifen und wie einen Flaschendeckel ausdrehen, wobei man sie zugleich hochzieht. Es wird auch empfohlen, zuerst Öl über sie zu gießen, wonach das Entfernen leichter sein soll.
Im Winter achten wir darauf, daß der Hund nicht zum notorischen Schneefresser wird, was bald geschieht, wenn wir ihm Schneebälle werfen. Kälte vertragen alle Hunde – auch kurz- und glatthaarige – gut.
Hingegen sind bei Kälte und Schnee seine Pfoten exponiert. Sinkt die Temperatur deutlich unter den Nullpunkt, kann es vorkommen, daß der Hund plötzlich stehen bleibt, eine Pfote hebt und uns recht unglücklich anschaut. Er empfindet dann das, was wir bei uns den «Kuhnagel» nennen. Im Berndeutschen sagt man auch «äs neglet mi». Wir können ihm helfen, indem wir seine Pfote zwei Minuten massieren, um ihn dann gleich wieder zum Weiterrennen zu animieren. Dabei sollten wir ihn nicht bedauern «du arms Hündli» oder ähnlich nennen, weil er sonst bald einmal heraushat, daß Pfotenheben unsere Teilnahme und unser Karessieren auslöst. Wenn er dann hinfort die Pfote wie beim Vorstehen des Jagdhundes hebt, wissen wir nicht, tut ihm der Lauf weh, oder wünscht er nur gehätschelt zu werden. Unternehmen wir im Winter Wanderungen, sollten wir die Pfoten des Hundes ab und zu kontrollieren. Liegt Schnee oder Matsch in der Stadt, sollten wir das auch nach kürzeren Ausgängen tun und beim Nachhausekommen die Pfoten gehörig spülen. Das Streusalz kann rasch zur Rissigkeit der Ballen führen, und dann wird das Salz bei der Berührung auch bald schmerzhaft empfunden. Ein altes Mittel, die Pfoten bei großer Beanspruchung zu pflegen, ist Melkfett oder Vaseline. Freilich sollte es nicht übermäßig angewendet werden, weil sonst die Ballenoberfläche zu weich wird, was erhöhte Abnützung bedeutet.
Ist ein Pfotenballen überempfindlich geworden oder gar gerissen, dann bietet ein Hundeschuh Abhilfe und Schonung. Weniger geeignet sind die harten Hundeschuhe aus Leder, besser ein Pfotenstiefel aus leichtem, flexiblem Material, wie er für Schlittenhunde in Kanada und Alaska verwendet wird. Diese Überzüge sind mit Haftbändern versehen, was bequemes und sattes Befestigen erlaubt. Mit einem Tesa-Klebeband lassen sich diese Hundeschuhe nach oben auch abschließen, damit weder Sand noch Schnee hineingelangen.

Nimmt man den Hund zum Skifahren mit, sollte man darauf achten, daß er nie zu nahe an uns herankommt. Skikanten sind so scharf, daß tiefe Schnittwunden und glatte Sehnen-Durchtrennungen entstehen können. Natürlich darf man mit dem Hund nicht offizielle Skipisten benützen, da dies eine Gefährdung der Pistenfahrer darstellt. Für Langläufer wurden übrigens in den letzten Jahren immer mehr Loipen zur Benützung mit dem Hund freigegeben.

Psychologen?

Einige wenige Ausbilder und Autoren, die sich «Hunde-Psychologen» nennen, sind es auch wirklich, die meisten aber nicht. Den Scharlatan in dieser Branche erkennt man leicht daran, daß er glaubt, er könne den Hund wie einen Patienten behandeln und damit den verunsicherten Besitzern helfen. Er nimmt das Tier, das Schwierigkeiten bereitet, zu sich oder steckt es in ein Tierheim. Dort setzt er sich dann mit seinem Patienten mehr oder weniger intensiv und geschickt auseinander. Wer kann das schon kontrollieren? Wenn der Besitzer anruft, in der Meinung es müßte jetzt soweit sein, daß er seinen Hund geläutert und erzogen zurückerhalten könne, erklärt ihm der Scharlatan nicht selten folgendes: «Es geht ihm schon viel besser, er hat deutliche Fortschritte gemacht. Im Moment jedoch befindet er sich in einer Phase der Therapie, die nicht unterbrochen werden sollte. So in ein bis zwei Wochen sind wir dann soweit.» Natürlich wartet der Besitzer noch zu. Schließlich vertraut er dem «Tier-Psychologen», die Sache kommt ja teuer genug zu stehen.
Die Rechnung, die er allerdings später erhält, übersteigt bei weitem das, was er sich vorgestellt hatte. Man zahlt zähneknirschend und erhält den Hund zurück. Dann wird man doch etwas milder gestimmt, weil sich das Tier tatsächlich besser benimmt als zuvor. Daß diese Veränderung allein schon dadurch zustande kommt, daß der Hund für einige Zeit in einer anderen Umgebung geweilt hat, weiß der Besitzer nicht. Wohl aber können dies alljährlich viele Hundehalter feststellen, nachdem sie ihr Tier am Ende des Urlaubs im Tierheim abgeholt haben, wo es von keinem Psychologen behandelt worden ist.
Im Gegensatz zu dieser Methode des Scharlatans ist der seriöse Berater und Ausbilder der Ansicht, daß es bei unerwünschtem

Verhalten des Hundes vor allem darum geht, die Besitzer selbst darüber aufzuklären, worauf die beanstandeten Untugenden vermutlich zurückzuführen sind und wie sie ihr Verhalten gegenüber dem Hund verändern können, um eine Besserung zu erreichen. Humanpsychologie spielt dabei eine wesentlich größere Rolle als Hunde-Psychologie, wie wohl man auch davon etwas wissen sollte. Man muß dazu nicht geschulter Psychologe sein. Seriöse Fachleute nennen sich auch nicht so, denn sie wissen, daß sie kein Studium in diesem Bereich abgeschlossen haben, wenn sie auch oft beachtliche Autodidakten sind. Der Scharlatan weiß das ja im Grunde auch, doch er verdrängt diese Erkenntnis. Zu schön klingt die angemaßte Berufsbezeichnung, und zu gut läßt sich daraus Profit schlagen. Die professionellen Berater und Ausbilder gehen von ihrer Erfahrung aus, für die es keinen Titel gibt. Es ist auch die Erfahrung, welche am Ende den Scharlatan zu echten Erfolgen im einen oder anderen Fall befähigt.

Reisen

Auch Hundehalter machen bekanntlich Ferien, und dabei stellt sich oft die Frage: Mitnehmen oder zu Hause lassen? Schließlich gibt es manches gute Hundeferienheim. Auch hat man etwa die Möglichkeit, seinen Hund bei Bekannten oder Verwandten zu «deponieren». Aber wollen wir denn wirklich ausgerechnet jetzt ohne Hund losziehen, wo wir endlich einmal genügend Zeit für ihn hätten? Nun, manchmal ist eine Trennung einfach nicht zu vermeiden, sei es, daß unser Ferienziel ein Land betrifft, das den Import von Hunden nicht zuläßt, sei es, daß wir per Flugzeug so weit reisen, daß eine Mitnahme fragwürdig und zudem teuer wird. Auch in die Tropen wird man seinen Hund kaum mitnehmen wollen. Sicher gibt es noch weitere Gründe, von der Begleitung unserer Vierbeiner abzusehen. Es gibt auch Leute, welche mit ihrem Hund in einem so gespannten Verhältnis leben, daß sie sich geradezu nach «Ferien vom Hund» sehnen. Leider kommt das häufiger vor, als man denkt. Wie dem immer sei, die Entscheidung muß getroffen werden. Der Aufenthalt in einem Hundeferienheim bringt übrigens nicht nur Nachteile, nicht selten wirkt sich die Pause im Zusammenleben für Hund und Besitzer positiv aus, indem beide nachher wieder wissen, wie gut sie es eigentlich mitein-

Warum den Hund nicht mitnehmen auf eine Ferienreise?

ander haben. Tritt man dagegen seinen Urlaub mitsamt dem Hund an, gilt es doch einiges zu bedenken, damit sich keine unerwarteten Schwierigkeiten ergeben. Das betrifft in besonderem Maße die Reise mit Wagen, Bahn oder Flugzeug.

Im Wagen unterwegs

Unser Auto bedeutet für die meisten Hunde eine Art Zweitheim, darin sie sich recht wohl fühlen. Folglich überstehen sie auch eine längere Fahrt problemlos. Immerhin sollte man nicht vergessen, Wasser mitzunehmen und dazu ein Gefäß, worin das Wasser auch vorgesetzt werden kann. Als Wasserbehälter eignet sich eine Wärmeflasche (Bettflasche) aus Gummi ganz ausgezeichnet. Sie beansprucht wenig Platz und kann am Ferienort auch auf Spaziergängen oder an den Strand mitgenommen werden. Meerwasser sollte ja unser Hund nicht trinken, sonst wird er in wenigen Minuten akuten Durchfall haben. Reisen wir bei Sonnenschein, sollten wir den Hund so unterbringen, daß er nicht längere Zeit ohne Schatten bleibt. Als einfacher Schattenspender läßt sich ein altes Frottiertuch in der hochzukurbelnden Scheibe festklemmen. Auch sollten wir darauf achten, daß der Hund nicht der Zugluft ausgesetzt ist. Schnell kann sich sonst eine Entzündung der Augen einstellen, die tierärztlicher Behandlung bedarf. Besonders kurzhaarige Hunde leiden unter der Hitze, wogegen sich ein dickeres Fell isolierend auswirkt. Auch ist die Hitzeempfindlichkeit beim Hund individuell sehr verschieden. Am besten, man beobachtet das Tier auf der Reise und legt eine Pause ein, wenn es Anzeichen von Unwohlsein erkennen läßt. Starker Speichelfluß oder atemloses Hecheln sind Alarmzeichen dafür. Und wenn man anhält, achte man darauf, daß der Hund den Wagen nicht fluchtartig verlassen kann und dadurch sich und den Verkehr gefährdet. Ist man beim Übernachten auf der Reise oder am Ferienort gezwungen, den Hund nachts im Wagen zu belassen, sorge man dafür, daß das Auto auch tagsüber im Schatten steht, damit es nicht zu warm wird. Hat man keine Trennwand oder kein Trennetz, so empfiehlt es sich trotzdem, eine Trennung auf der Höhe der Vordersitzlehnen zu improvisieren. Das läßt sich leicht machen, indem man beispielsweise ein Brett hinter den Kopfstützen befestigt. Grund für diese Abschrankung: Manche Hunde beginnen, alleingelassen, den Schalthebel und die Kurbelknöpfe sowie andere Bedienungselemente zu benagen.

Der Hund in der Bahn

An sich ergeben sich mit dem Hund bei Bahnreisen meist weniger Schwierigkeiten, als man annimmt. Auch auf weiteren Strecken findet sich immer wieder Gelegenheit, den Hund auf oder in der Nähe eines Bahnsteigs sich erleichtern zu lassen. Natürlich nimmt man für alle Fälle eine Zeitung oder einen Plastikbeutel mit, wenn wir ihn zu diesen etwas exponierten Versäuberungsorten führen. Reist man in Italien, darf man nicht vergessen, daß in der Bahn wie in allen öffentlichen Verkehrsmitteln ein Maulkorb Vorschrift ist. Daß wir dem Hund diesen Maulkorb schon zu Hause angewöhnen sollten, versteht sich wohl von selbst. Im übrigen hängt es von den zuständigen Beamten ab, ob der Maulkorb zu tragen oder nur vorzuweisen ist. Auch im Zug sollte der Hund nicht längere Zeit der Sonnenbestrahlung ausgesetzt bleiben. Prinzipiell ist der Hund im Waggon und auf dem Bahnsteig an der Leine zu führen. Beim Einsteigen läßt man den Hund mit Vorteil voraus gehen, so daß man ihn von hinten über die Stufen hinaufschieben kann. Beim Aussteigen dagegen gehen wir voraus, während der Hund von einem Mitreisenden noch zurückgehalten wird, sofern er nicht sicher sitzen bleibt. Auch ein mittelgroßer Hund kann uns nämlich an der Leine mitreißen, wenn er Gelegenheit hat, vor uns aus dem Zug zu springen. Auch bei Bahnreisen dürfen wir das Mitnehmen von Wasser und einem Trinkgefäß nicht vergessen. Zwar hat es auf jedem Bahnhof Wasser, doch es während einem kurzen Zwischenhalt zu finden, ist oft ein Kunststück.

Flugreisen

Eine Flugreise mit Hund muß vorausgeplant und vorbestellt werden. Die Fluggesellschaften stellen dann Behälter bereit, die man käuflich erwerben muß. Die Kosten belaufen sich je nach Größe auf 70 bis 140 Franken. In die Kabine dürfen nur ganz kleine Hunde mitgenommen werden (Swissair: 25 cm Schulterhöhe, 50 cm Länge inklusive Schwanz und bis 8 kg Gewicht), doch muß auch hier ein Kleinbehälter erworben werden für etwa 10 bis 20 Franken. Außerdem gibt es auch Fluggesellschaften, die in der Kabine gar keine Hunde gestatten, wie überhaupt die Bestimmungen verschieden sind und sich jederzeit ändern können. Will man keinen Ärger haben, erkundigt man sich also frühzeitig bei der betreffenden Gesellschaft. Die Reise des Hundes im Frachtraum ist in den meisten Fällen problemlos. Es erstaunt immer wieder, wie lange

sich dabei Hunde sauber halten können. Bei Zwischenlandungen kann sich auch die Gelegenheit zum Versäubern der Hunde ergeben, doch muß man sich auch danach früh genug erkundigen.
Wenn immer wir mit dem Hund reisen, müssen wir uns zuvor über die geltenden Bestimmungen des betreffenden Landes durch unsere Fluggesellschaft, unser Reisebüro oder beim Konsulat orientieren lassen. Ohne internationalen Impfpaß, den jeder Tierarzt ausstellt, kommt man nicht aus. Oft wird auch mehr verlangt.
Wir wünschen Ihnen und Ihrem Ferienpartner Hund gute Reise und herrliche Ferienerlebnisse.

Schadenfälle

Hunde verursachen nur ausnahmsweise umfangreiche und kostspielige Schäden. Meistens handelt es sich um relativ kleine Beträge, und damit gibt es auch relativ wenig Scherereien. Man arrangiert sich als Hundehalter oft mit dem Geschädigten direkt. Besser jedoch fährt man in der Regel, wenn man die Angelegenheit seiner Haftpflichtversicherung übergibt. Mit Erleichterung stellen wir dann fest, daß sich unsere Vertragsgesellschaft im Sinne einer

Lenkt ihn etwas stark ab, achtet ein Hund nicht mehr auf herannahende Fahrzeuge.

Rechtsschutzversicherung der Sache annimmt und uns eine persönliche Auseinandersetzung mit dem Geschädigten erspart. Somit ist es auch unsinnig, die Angabe unserer Versicherungsgesellschaft zu verweigern, wenn unser Hund einen andern Hund oder gar eine Person verletzt hat. Einerseits hat der Geschädigte ein direktes Anspruchsrecht an unseren Versicherer, den er auch bald herausfinden kann, gibt es doch nicht allzuviele Gesellschaften. Andererseits werden die Fachleute unserer Gesellschaft eine unbegründete Forderung auch geschickter ablehnen können als wir selbst. Vertrauen wir also unserem Versicherungspartner, in den allermeisten Fällen wird er uns nicht enttäuschen. Unangenehm ist die Sache nur dann, wenn ein Hundehalter nicht versichert ist. Es bleibt dann für den Geschädigten oft nur der Rechtsweg offen. Dieser ist so kompliziert, daß er in Bagatellfällen besser nicht beschritten wird. Ärger und Umtriebe sind nämlich dann bestimmt größer als der Schaden selbst.

Probleme mit Versicherungen

Richtet unser Hund einen Schaden an, so fühlen wir uns ja normalerweise moralisch verpflichtet, die Sache wieder gutzumachen. Die Ablehnung einer Entschädigung durch unsere Gesellschaft kann uns dann nicht gleich sein. Auch wenn wir selbst durch den Vierbeiner eines Hundehalters geschädigt wurden, empört uns eine solche Ablehnung. In beiden Fällen sollte man nicht ohne weiteres aufgeben, sondern nochmals bei der betreffenden Gesellschaft vorstellig werden. Dazu wendet man sich am besten an eine kynologische Organisation. In Zürich unterhält die Interessengemeinschaft der Kynologen des Kantons eine Rechtsauskunftsstelle. Hier hat man die Erfahrung gemacht, daß es keineswegs immer böse Absicht ist, wenn eine Versicherung die Entschädigung verweigert. Vielmehr handelt es sich meist um den Mangel an Kenntnissen über die Haftung des Tierhalters. Sachbearbeiter sind schließlich auch nur Menschen, sie können sich irren. Sogenannte «Hundefälle» sind nicht so häufig, wie man meinen könnte. Und die gesetzliche Haftung des Hundehalters ist auch nicht ganz einfach zu verstehen. Es geht dabei nicht in erster Linie um das Verschulden der Beteiligten. Der Besitzer des Hundes haftet (ähnlich wie der Autobesitzer durch den Besitz seines Wagens) grundsätzlich schon deshalb, weil er einen Hund hält, der als Tier eine gewisse Gefährdung seiner Umwelt darstellt. Das Verschulden des einen oder anderen Beteiligten beim Zustandekommen eines Schadens kann sich nur noch in zweiter Linie auf die Schadenregelung auswirken. Bei der Kollision eines Hundes mit einem Auto wird es noch ein wenig komplizierter, da wie gesagt auch der Autohalter nicht primär aus seinem Verschulden haftet. Weil jedoch die Gefährdung der Umwelt durch einen Wagen zu Recht höher eingeschätzt wird als jene Gefährdung, welche ein Hund darstellt, hat sich eine Usanz herausgebildet. Grundsätzlich geht man dabei von einer Zwei-Drittels-Haftung des Autobesitzers und einer Drittels-Haftung des Hundehalters aus. Liegt auf beiden Seiten kein gravierendes oder gar grobfahrlässiges Verschulden vor, erhält der Autobesitzer ein Drittel seines Schadens vergütet, während der Hundehalter mit zwei Dritteln seines erlittenen Schadens entschädigt wird.

Die Haftpflicht-Police genau überprüfen!

Es kommt selten vor, aber dennoch kann ein Hundehalter gelegentlich auch von einer großen Schadensumme betroffen werden, für die er durch den Besitz seines Hundes haftet. Gerät dieser einmal unversehens auf die Straße, so daß ein Autolenker ausweichen muß, und kommt es deshalb zu einer Kollision mit Fußgängern oder Fahrzeugen, können Hunderttausende von Franken an Schaden entstehen. Es ist somit kein Luxus, sondern eine dringende Notwendigkeit, daß ein Hundehalter gut versichert ist. Gewöhnlich geschieht dies durch den Abschluß einer sogenannten Familien-Haftpflicht-Versicherung. Darin ist normalerweise das Halten eines Hundes oder – allgemeiner ausgedrückt – von Haustieren eingeschlossen. Als Deckungssummen sind vorwiegend eine oder zwei Millionen Franken aufgeführt, oder die Deckung wird unbeschränkt gewährt. Solche Policen erfüllen durchaus ihren Zweck. Nun hat sich aber bei der Überprüfung von mehr als 200 Haftpflichtpolicen anläßlich der Orientierungskurse für Hundehalter der Stadt Zürich in zwei Fällen ergeben, daß im hinteren Teil der Schriftstücke die auf der Titelseite genannten hohen Deckungssummen mit Kleindruck eine Einschränkung erfuhren, indem sie für Schäden aus der Haustierhaltung nur 2000 Franken vorsahen. Eine Summe, die bei weitem nicht genügt. Deshalb, lieber Leser, nehmen Sie jetzt ihre Police zur Hand und prüfen Sie genau, ob und wie sie als Hundehalter versichert sind. Der Gedanke, daß auch ein gut situierter Hundebesitzer durch einen Schaden, den sein Vierbeiner verursacht, plötzlich ruiniert werden kann, bleibt leider nicht nur Theorie, wenn auch die Wahrscheinlichkeit dafür nicht sehr hoch ist.

Stachelhalsband

Am Hals unseres Nationalhundes, des Barry vom Großen St. Bernhard, prangt ein handgeschmiedetes, robustes Stachelhalsband. Es wirkt auf den Betrachter brutal, auch wenn die Stacheln nach außen gerichtet sind. Man kann es im Naturhistorischen Museum zu Bern besichtigen. Barry starb 1814 in Bern in einer Tierklinik und wurde 1815 im Museum präpariert aufgestellt. Aber er war nicht der erste Träger eines solchen Halsbandes gewesen, es gibt Darstellungen davon aus viel früherer Zeit. Erwähnt seien hier nur zwei Trinkgefäße in Form von Rüden – so nannte man damals die zur Sauhatz verwendeten schweren Hunde – aus dem Landesmuseum in Zürich. Das eine stammt aus dem Jahre 1639, das andere aus dem Jahre 1700. Beide Gefäße benützen die silberne Skulptur des Rüden als Bechergriff. Beim Trinken kommt also der Hund auf den Kopf zu stehen, stellt man jedoch den Becher umgekehrt hin, sitzt der Rüde aufrecht da, und der Becher dient

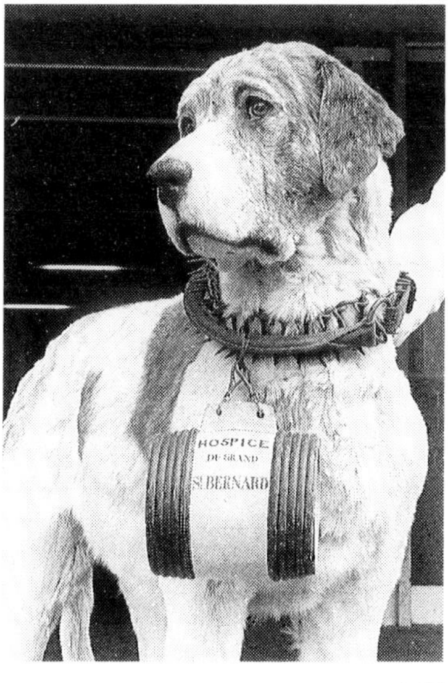

Barry vom Großen St. Bernhard mit seinem Original-Stachelhalsband, hier nach außen gewendet.

ihm als Sockel. Die ältere Skulptur läßt ein mächtiges Halsband erkennen mit nach außen gewendeten Stacheln, welche nicht nach innen gedreht werden können. Es soll diese Konstruktion als Schutz gegen Bisse von angreifenden Tieren gedient haben. Die zweite Figur jedoch weist ein Stachelhalsband auf, wie es im Prinzip noch heute verwendet wird und wie es auch Barry trägt: Die Stacheln können durch Wenden des Kettenbandes nach innen gedreht werden und dienen dann zum massiven Einwirken auf den Hund. Tatsächlich ist das Stachelhalsband dieser Art noch heute im Gebrauch und kann in den Geschäften für Hundeartikel gekauft werden. Das hat seinen guten Grund, denn selbst erfahrene und sorgfältig arbeitende Ausbilder sahen sich ab und zu gezwungen, die Verwendung eines Stachelhalsbandes zu empfehlen. Nämlich dann, wenn es keine andere Möglichkeit gab, die Gefährdung der den ungebärdigen Hund führenden Person herabzusetzen. Beispiel: Ein durch falsche Erziehung zum notorischen Leinenzerrer gewordener Neufundländer von sechzig Kilogramm Gewicht wird von einer fünfundvierzig Kilogramm leichten Besitzerin geführt. Das ist im Stadtverkehr höchst gefährlich. Um sich nun doch durchsetzen zu können und den Hund vom Zerren abzubringen, ist da zumindest vorübergehend die Anwendung des Stachelhalsbandes angezeigt.

Natürlich ist das Stachelhalsband auch vielfach mißbraucht worden. Es scheint Leute zu geben, welche von dem Anblick des urtümlichen in unkundiger Hand leicht zum Marterwerkzeug werdenden Hilfsmittels geradezu fasziniert sind. So wurde kürzlich auf der Zürcher Allmend ein Mann beobachtet, der für seine beiden mittelgroßen Hunde, die überaus friedlich wirkten, Stachelhalsbänder verwendete. Befragt, konnte oder wollte der Herr nicht Auskunft geben über die Gründe, welche ihn dazu bewogen. Bedeutend mehr Leute reagieren jedoch in anderer Weise, sobald sie ein Stachelhalsband erblicken. Sie schließen sofort auf tierquälerische Behandlung, was an sich verständlich, aber nicht unbedingt richtig ist. Nun, es hat immer Kontroversen über das Stachelhalsband und seine Anwendung gegeben. Doch damit dürfte es nun vorbei sein. Denn in England ist ein Kynologe auf die Idee gekommen, die Pferdehalfter auf den Hund zu übertragen, um ihn vom Zerren und der damit meist verbundenen Aggression gegenüber Artgenossen abzubringen.

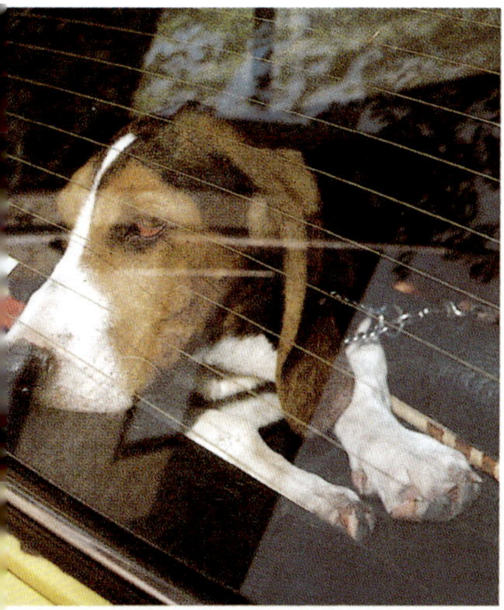

Bei Wärme reicht das spaltweite Öffnen des Fensters nicht aus. Schatten wandern, und wenn die Sonne voll einstrahlt, wird der Wagen zum Backofen. In kurzer Zeit kommt dann jede Hilfe zu spät.

Unterwegs im Zug.

Korrektes Unterbringen des Hundes im Tram.

Gerade in den Ferien haben wir Zeit für den Hund. Warum ihn zu Hause lassen? Die Boxerhündin Cluny liebte Florenz, weil es am Arnoufer so schön nach allem Möglichen und Unmöglichen roch.

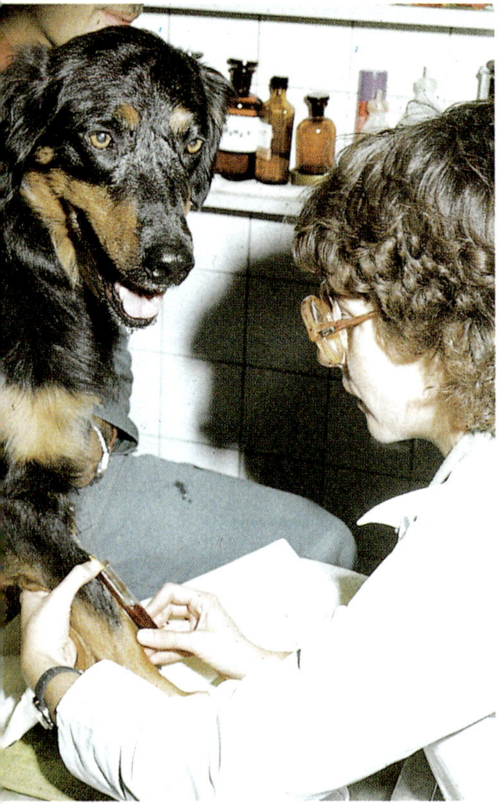

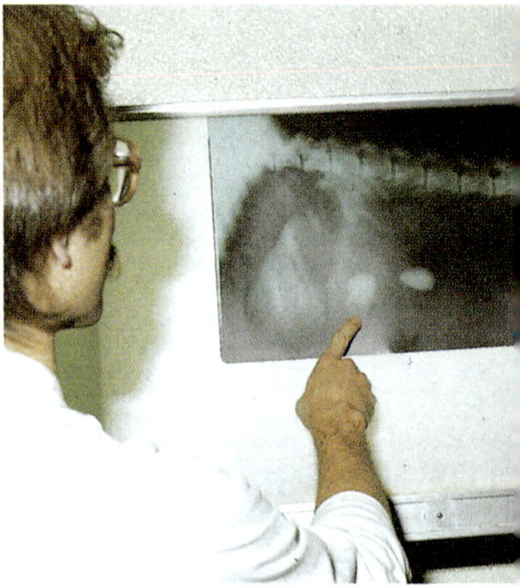

Für einen mit dem Menschen früh sozialisierten Hund ist der Besuch beim Tierarzt kein Problem.

Junghunde verschlingen nicht selten Steine und andere Objekte. Eine Operation wird dann oft unumgänglich.

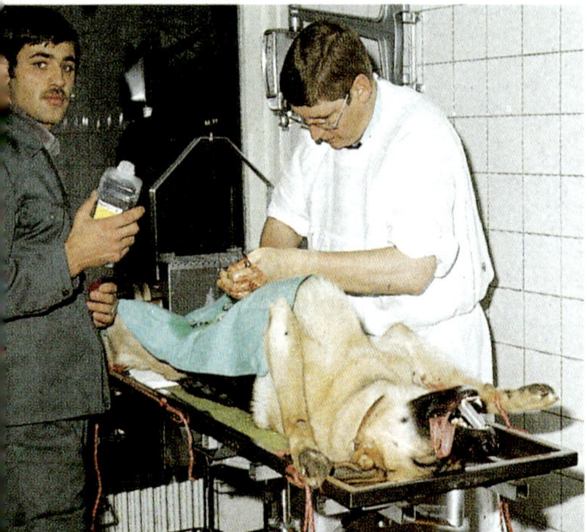

Das Hundehalfter «Halti»
Wir haben mehrere Versuche mit diesem neuartigen Hilfsmittel gemacht und waren in allen Fällen von dessen Wirksamkeit überrascht. Nach den dabei gemachten Erfahrungen vermag das «Halti» das Stachelhalsband nicht nur vollumfänglich zu ersetzen, darüber hinaus ist es auch wirksamer. Dies vor allem, weil es dem Verhalten des Hundes gerecht wird. Auch am Stachelhalsband kann der Hund noch geradlinig mit voller Kraft zerren, wenn er erregt ist; sein Kopf ist immer noch auf das Reizobjekt, den andern Hund oder eine Person, gerichtet. Wird er jedoch am «Halti» geführt, wird ihm beim Zug der Kopf vom Reizobjekt abgewendet, und er bietet dem «Gegner» seinen Hals dar. Genau das ist die Stellung, welche ein Hund dann einnimmt, wenn er den Kampf mit dem «Gegner» aufgibt. Wie sehr nun die Hunde in dieser Situation entsprechend reagiert haben, war einfach verblüffend. Unverzüglich beruhigten sie sich, ihre Aggressivität klang rasch ab, und sie konnten ohne weiteres fortgeführt werden. Da nun auch harte Hunde so reagieren, denen das Stachelhalsband wenig Eindruck machte, besonders wenn es sich um stark behaarte Tiere handelte, ist hier ein großer Fortschritt erzielt worden. Nach alledem dürfen wir erleichtert feststellen, daß das uralte Stachelhalsband nun endgültig ausgedient hat (dazu auch die Bilder gegenüber Seite 137).

Tierarzt

Um den Gesundheitszustand unseres Hundes zu überwachen, benötigen wir keine umfassenden Kenntnisse. Es genügt, wenn wir ihn beobachten.

Alarmierende Symptome
Zeigen sich deutliche Veränderungen in seinem normalen Verhalten, ist es bessser, den Tierarzt zu früh als zu spät aufzusuchen. Dies ganz besonders wenn der Hund hustet, wenn er deutlich mehr trinkt und uriniert, oder wenn er an schwerem Durchfall leidet. Husten ist für den Hund viel folgenschwerer als für den Menschen. Vermehrtes Trinken und Wasserlösen kann auf akute Organinfektionen hindeuten, die bleibende Schäden nach sich ziehen, wenn die Behandlung hinausgezögert wird. Starker Durchfall führt sehr bald zu einem Erschöpfungszustand, der die Wider-

standskraft des Tieres gefährlich herabsetzt, wenn man ihn nicht gezielt behandelt. Unverzüglich jedoch ist bei Durchfall dafür zu sorgen, daß der entstehende Flüssigkeitsverlust durch Zuführen von Tee ergänzt wird. Beginnt der Hund nach dem Fressen oder später plötzlich zu würgen, ohne jedoch erbrechen zu können, und ist seine Bauchregion gespannt, könnte er sich eine Magendrehung zugezogen haben. Es ist dann eine Frage von wenigen Stunden, ob eine Operation noch helfen kann. Auch bei hohem Fieber gehört der Hund möglichst schnell zum Tierarzt. Es zeigt sich äußerlich durch trockene warme Nase, Hecheln und allgemeine Mattigkeit. Die normale Körpertemperatur des erwachsenen Hundes liegt bei 37,5 Grad C. Mit 39,5 Grad C ist hohes Fieber anzunehmen. Gemessen wird die Temperatur mit einem gewöhnlichen Fieberthermometer im After des Hundes.

Weitere Anzeichen von Erkrankung

Schüttelt der Hund dauernd den Kopf oder hält er ihn schräg, können die Gehörgänge entzündet sein. Kratzt er sich unablässig und beißt sich an bestimmter Stelle ins Fell, kann ihn ein beginnendes Ekzem dazu reizen. Winselt er beim Aufstehen nach längerem Liegen, kann er sich im Wirbelbereich überanstrengt haben. Bessert sich dies nicht bald, muß der Tierarzt feststellen, ob eine Veränderung der Wirbelkörper oder der Hüftgelenke vorliegt. Wird Hüftgelenkdysplasie herausgefunden, sollte man nicht gleich erschrecken. Viele Hunde haben nach vorübergehenden Schwierigkeiten mit mittelschwer deformierten Gelenken fast beschwerdefrei ein hohes Alter erreicht.

Voraussetzung ist, daß man ein solches Tier nicht forciert, aber auch nicht schont. Die Muskulatur darf nicht durch Bewegungsmangel abgebaut werden, weil damit die Gelenke stärker belastet sind. Riecht der Hund allgemein penetrant, kann es sich um eine Entzündung der Afterdrüsen handeln, welche der Tierarzt beheben wird. Bei starkem Mundgeruch kann sich das Zahnfleisch durch Wuchern verändert haben, was sehr schmerzhaft sein kann für den Hund. Auch hier bringt der Tierarzt Hilfe.

Wurmbefall

Er ist erkennbar an stark veränderter Konsistenz des Kotes (Schleimbildung, Abgang kleiner weißer Bandwurmglieder). Auch durch After-Rutschen und Afterlecken des Hundes und allenfalls durch Abmagern trotz Zufütterung kann sich Wurmbefall bemerkbar machen. Da die Wurmkuren einen Hund sehr stark belasten und da nicht immer alle Wurmarten von demselben Mittel erfaßt werden, empfiehlt es sich, eine Kotprobe zum Tierarzt zu bringen. Danach kann dann schonend, gezielt und erfolgreich entwurmt werden.

Euthanasie
Da wir unseren Hund regelmäßig zur Vornahme der üblichen Schutzimpfungen dem Tierarzt zuführen, kennt er dessen Praxisräume und ihn selbst. In diese ihm vertraute Situation sollten wir ihn auch bringen, wenn er alt und hinfällig geworden ist oder an einer unheilbaren Krankheit leidet. Über den Zeitpunkt des Einschläferns lassen wir uns vom Tierarzt beraten. Wenn andauernde Schmerzen das Tier quälen, sollten wir nicht aus Egoismus und Angst die Euthanasie hinauszögern.

Verhaltensgestört?

Es fällt auf, wie oft und wie schnell Persönlichkeiten, die über kynologische Bereiche referieren oder schreiben, einen Hund als verhaltensgestört bezeichnen. Nämlich dann, wenn er eine Verhaltensweise zeigt, die für seine menschliche Umgebung unangenehm oder gar gefährlich ist. Ob jedoch ein solches Verhalten unter den gegebenen Umständen für den Hund keineswegs gestört, sondern durchaus normal sei, wird nicht in Betracht gezogen.
So kommt es, daß vielfach behauptet wird, jeder zweite Hund sei heute verhaltensgestört. Nicht selten erklären dies kynologische Publizisten und ab und zu auch Tierärzte. Scharlatane aber, die sich anmaßen, Tierpsychologen zu sein, überzeugen ihre Kundschaft von der Wahrheit dieser Behauptung und erklären gleich auch den zur «Behandlung» gebrachten Hund als gestört. Damit erleichtern sie das Gemüt ihrer Kunden. «Der Arme ist gestört – wir können nichts dafür, haben einfach Pech gehabt», so denken sie und vertrauen das Tier dem Pseudopsychologen an, dessen Honorarforderung ihnen so Eindruck macht, daß sie keine Chance haben, an dessen Können zu zweifeln. Außerdem ist man froh, den Problemhund für eine Weile loszuwerden. Es war doch zu anstrengend, man ist nervlich am Ende. Kommt dann nach einigen

Wochen der Hund zurück, scheint er sich in den meisten Fällen tatsächlich während einiger Zeit «gebessert» zu haben. Daß dem in der Regel auch dann so ist, wenn man den Hund urlaubshalber in ein Tierheim gegeben hat, wo er nicht «behandelt» wurde, zeigt die Erfahrung. Aber die Kunden des «Psychologen» wissen dies nicht.

Man ist dann überrascht, wenn man nach wenigen Wochen wieder denselben Problemen gegenübersteht wie zuvor. Die teure Rechnung ist dann schon bezahlt. Wendet man sich nun an den «Psychologen», erfährt man meist, daß Scharlatane recht aggressiv reagieren, wenn man ihre Fähigkeiten auch nur andeutungsweise bezweifelt. «Sie haben etwas falsch gemacht», wird dann dem Kunden vorgeworfen. Und damit hat der Scharlatan leider in gewisser Weise recht. Es ist nämlich so, daß jeder Haushund in seinem Verhalten zumindest teilweise das Produkt seiner menschlichen Umgebung und deren Verhaltensweisen ist. Und wenn sich daran nichts verändert, bleibt auch das Benehmen des Hundes dasselbe.

Worauf beruht das Verhalten des Hundes?

Es handelt sich bei unserem Haushund um drei Bereiche, welche am Ende sein Verhalten bestimmen:

Erstens um seine ihm als Individuum von den Elterntieren und deren Vorfahren vererbte Grundanlage. Damit kommt er zur Welt, wobei Krankheiten der Mutter und/oder deren mangelhafte Pflege und Fütterung während der Trächtigkeit sowie erschwerte Geburtsvorgänge noch Veränderungen der genetisch bedingten Anlage verursachen können.

Zweitens um die Situation, in welcher der Welpe seine ersten acht bis zwölf Lebenswochen zubringt bis zur Abgabe an den Besitzer. Diese Zeit der Entwicklung der Welpen ist vor allem von den nordamerikanischen Wissenschaftern Scott und Fuller genau erforscht und im 1965 erschienenen Buch «Genetics and the Social Behaviour of the Dog» dokumentiert worden. Danach ist der Welpe von seiner vierten Lebenswoche an in einer Weise aufnahmefähig, wie er es nach Ablauf dieser Prägungsphase nie mehr sein wird. Was er in dieser Zeitspanne erfährt, wird ihm auch später vertraut bleiben. Was er jetzt nicht erlebt, daran wird er sich später nur sehr schwer und nie optimal gewöhnen.

Beispiele dafür: Wächst ein Welpe als Einzeltier auf, wird er im

Erwachsenenalter Mühe haben im Umgang mit seinen Artgenossen, weil er die Sozialisierungsphase mit Geschwistern nicht durchlebt hat. Kommt ein Welpe jetzt nicht in Kontakt mit Kindern, wird er immer unsicher gegenüber Kindern sein und je nach seiner Grundanlage ausweichend oder aggressiv reagieren. Welpen, die bis zum Ende der Prägungsphase ausschließlich von weiblichen Personen betreut wurden, bleiben lebenslang unsicher gegenüber männlichen Personen.
Die Beispiele lassen sich beliebig fortsetzen mit allen Erscheinungen, welche unsere Lebensumstände ausmachen, vom Verkehrslärm bis zu allen anderen akustischen, aber auch optischen und geruchlichen Effekten, welche den Hund in unserer Gesellschaft umgeben.
Drittens um die Art und Weise, wie der Welpe in den Familienbereich des Besitzers eingeführt wird, wo er sich ja nun zum Junghund wandelt. Hinzu kommt hier, wie der Hund weiterhin beeinflußt wird, also die Haltungs- und Erziehungsweise.

Mißverständnisse sehen oft wie Verhaltensstörungen aus

Der zuletzt genannte Bereich wird allein vom Besitzer bestimmt, deshalb muß er uns hier auch in erster Linie interessieren. Wir haben ja nun den Hund, wie er ist, und setzen uns mit ihm auseinander. Dabei kommt es zu überraschend positiven Ergebnissen, soweit der Hund sich fast von selbst so benimmt, wie wir es von ihm erwarten. Indem wir ihn in diesem Verhalten bestärken, setzt es sich auch schon fest und wird zur guten Gewohnheit. Wo sich jedoch der Hund nicht ohne weiteres einfügt, beginnen wir mit unseren Erziehungsversuchen. Und da fehlen uns oft Grundkenntnisse, so daß wir erfolglos bleiben oder die Sache noch schlimmer machen. Das geschieht stets dann, wenn wir das Auffassungsvermögen des Hundes überschätzen und ihn überfordern. Der Hund merkt nicht, was wir eigentlich von ihm wollen, und er blockiert oder tut etwas Unerwünschtes. Wir aber legen ihm dies als Renitenz oder gar als Bosheit aus und beginnen zu drohen und zu schelten. Genau das vermag der Hund in keiner Weise zu verstehen, und oft kommt es jetzt bei ihm zum Mißverständnis.
Ein klassisches Beispiel dafür ist jener Hund, der beim Spaziergang auf alle andern gleichgeschlechtlichen Tiere losstürzt und sie angreift. «Er ist verhaltensgestört», sagen die Besitzer. Im Versuch ergibt sich dann, daß der Hund nur auf andere Hunde los-

geht, wenn die Besitzer ihn mit erregtem Rufen davon abzuhalten suchen. Diesen «Lärm von hinten» empfindet er nämlich nicht als Aufforderung zum Zurückkommen, sondern als Unterstützung und Ermunterung, genau das zu tun, woran er gehindert werden sollte. Es ist zuweilen verblüffend, wie ein Hund bei solchen Versuchen zwar beim Auftauchen der «Reizobjekte» noch losprescht, aber diese Angriffsphase zunehmend früher abbricht, wenn er keinen Ton von den Besitzern vernimmt. Die Umerziehung erfolgt nicht selten unerwartet rasch. Von einer Verhaltensstörung kann dann bestimmt nicht die Rede sein.

Versäubern

Darunter versteht man das Ausführen des Hundes, damit er sich entleeren kann. Es ist bekannt, daß allzuviele Hundebesitzer dies ohne Rücksichtnahme auf die Umwelt tun. Sie schaden damit dem Ruf aller Hundehalter und setzen bei der hundelosen Bevölkerung das Verständnis und die Toleranz gegenüber der Hundehaltung herab. Wer nicht dafür sorgt, daß Gehwege und Plätze, aber auch das Futtergras und die Fruchtfelder freibleiben von Hundekot, handelt verantwortungslos. Dabei wäre es leicht, in dieser Beziehung Ordnung zu halten. Wer seinen Hund regelmäßig füttert und ihn auch regelmäßig ausführt, hat damit kaum Probleme. Er wird sehen, daß sein Hund von sich aus dazu neigt, bestimmte Stellen im Spaziergelände zur Entleerung zu bevorzugen. Es ist nun ohne große Mühe möglich, ihn zu diesem Zweck an Örtlichkeiten zu gewöhnen, wo der Kot liegenbleiben und sich auflösen kann. Dazu eignen sich weite Freiflächen (Allmenden), Borde und Ränder von Waldstücken, wo kein Wild steht. Der Hund wird bald einmal mit der Entleerung warten, bis das gewohnte Gebiet erreicht ist, und sich dort rasch entleeren. Er stellt sich mit Sicherheit darauf ein. Und wenn der Kot einmal früher und an ungeeigneter Stelle abgesetzt wird, nimmt ihn der verantwortungsbewußte Besitzer mit einem Kunststoffsäckchen auf. Das ist in den vergangenen Jahren mancherorts zur selbstverständlichen Gewohnheit geworden. Freilich wäre es unsinnig, dort den Kot in eine Plastikhülle zu verpacken, wo er niemanden stört. Denn Hundekot ist ein Naturprodukt, das sich auflöst, ohne Schadstoffe zu hinterlassen, während mit der Plastikhülle die Umweltbelastung erst eigentlich beginnt.

Steht zum Versäubern ein eigener Garten zur Verfügung, ist es von Vorteil, wenn wir auch hier den Hund an eine bestimmte Stelle gewöhnen. Dann können wir den Kot ab und zu aufnehmen und entfernen.

Wasser

Die meisten Hunde lieben das Wasser. Wasserscheu sind vorwiegend jene Hunde, die in ihrer Jugend keine Gelegenheit zur Gewöhnung an das feuchte Element hatten oder die man forciert zum Baden bringen wollte. Wer also Wert darauf legt, mit seinem

Die meisten Hunde lieben das Wasser.

Hund zu schwimmen, zerre ihn nicht an der Leine hinter sich her, sondern lasse ihm Zeit, den Weg ins trügerische Naß aus eigenem Antrieb zu finden. Am besten wählt man dazu eine Stelle, wo der Grund sich nur allmählich absenkt. Hier wirft man zuerst einen Stock ein paarmal nur so weit hinein, daß der Hund ihn erreicht, ohne schwimmen zu müssen. Schließlich wirft man den Stock knapp über jene Grenze, welche den Hund noch Grund unter den Pfoten spüren läßt. Normalerweise setzt er dann bald zum Schwimmen an. Er hat es ja leichter als der Mensch, da er im Wasser seine ihm vertraute Haltung nicht zu ändern braucht. Wir sind dagegen gezwungen, von unserem Aufrechtgang in eine Liegendstellung zu wechseln und dabei noch den Kopf in ungewohnter Weise zurückzubeugen, wenn wir schwimmen lernen.

Test der Anpassungsfähigkeit

Nach dem, was wir über das Herkommen unseres Haushundes wissen, können wir annehmen, daß ihm als ehemaligem Laufraubtier das Schwimmen nur in jenem beschränkten Maße erblich mitgegeben ist, wie das bei vielen anderen Tieren der Fall ist. Daß Säugetiere notfalls zu schwimmen vermögen, hängt vermutlich auch mit dem erwähnten Gleichbleiben ihrer Grundhaltung bei der Fortbewegung zu Lande und zu Wasser zusammen. Sicher spielt beim Hund zudem seine ausgeprägte Anpassungsfähigkeit an ungewohnte Situationen aller Art mit. Dennoch bedeutet es die Überwindung einer gewissen Angst für ihn, wenn er erstmals den Grund unter seinen Füßen verliert und vom Wasser getragen wird. Manche Hunde beginnen in diesem Moment mit den Vorderläufen das Wasser zu schlagen, sei es, weil sie mit den Hinterläufen den Grund zu erreichen suchen, sei es, daß sie (wie der Mensch) den Kopf möglichst hoch über den Wasserspiegel halten möchten. Bei einem normal veranlagten Tier verliert sich jedoch diese fehlerhafte und hinderliche Bewegungsweise bald. Überängstliche Hunde können freilich in Panik geraten und unter ungünstigen Bedingungen (etwa bei vom Ufer abtreibender Strömung) gar ertrinken. Wir können den Lernvorgang beim Hund beschleunigen, wenn wir ein Objekt ins Wasser werfen, das ihn besonders reizt und dem er dann auch begeistert nachzugehen sucht. Hundebesitzer, die einen guten Kontakt zu ihrem Vierbeiner haben, schwimmen am besten voraus. Wenn das dem Hund nicht genügt, um seine Angst zu überwinden, dürfte es sich um eine tiefliegende Unsicherheit in seinem Wesen handeln. Schwimmenlernen stellt insofern einen Wesenstest dar.

Mit dem Hund schwimmen kann sehr vergnüglich sein. Drängt sich jedoch der Hund an uns heran, kann es zu unliebsamen Kratzern kommen. Wir vermeiden dies kaum, wenn wir den herankommenden Hund zurückzustoßen suchen. Schieben wir jedoch seinen Kopf mit ausgestrecktem Arm zur Seite, schwimmt er an uns vorbei. Jetzt kann uns ein Gegenstand helfen, den wir mitgenommen haben und nun einige Meter vorauswerfen. Meistens wird ihm der Hund folgen und ihn in den Fang nehmen. Auf diese Weise ist jeder Hund in kurzer Zeit daran zu gewöhnen, neben uns zu schwimmen, ohne uns im Wasser zu bedrängen.

Die Spezialisten

Nicht alle Hunde sind gleich veranlagt, das Verhalten ist von Individuum zu Individuum verschieden. Das kommt gerade im Wasser deutlich zum Ausdruck. Es zeichnen sich dabei aber auch rassetypische Unterschiede ab. So ist ein Neufundländer in der Regel geradezu ein Wassernarr. Ausnahmen bestätigen auch hier die Regel. Oft sieht es bei besonders massigen Hunden, zu denen der Neufundländer ja gehört, so aus, als ob sie sich im Wasser unerhört wohl fühlen, weil sie ihr Gewicht nicht mehr zu tragen haben. Speziell schwimmfreudig sind die meisten Jagdhunde, darunter vor allem die Retriever, welche ja seit Jahrhunderten an Wasserarbeit gewöhnt sind.

Wasserspiele

Wie der erste Schnee, so vermag auch die erste Berührung mit einer Wasseroberfläche einen Hund so zu enervieren, daß er seine aufwallenden Energien in tolles Spiel umsetzt. Er rast dem Wasserrand entlang, beginnt mit den Pfoten in die Oberfläche zu schlagen, daß es spritzt, und er versucht andere Hunde in sein Spiel einzubeziehen. Mit diesem Verhalten wird er schnell vertraut mit dem zuvor unbekannten Element. Seine Hemmungen werden abgebaut. Es kommt der Augenblick, da er sich für das zu interessieren beginnt, was unter dem Wasserspiegel am Grunde liegt. Er steckt seine Nase hinein, später gar den ganzen Kopf. Wenn er zuerst auch zu prusten beginnt, so ist es doch erstaunlich, wie bald er herausbekommt, daß man unter Wasser nur nicht zu atmen braucht, will man ohne Schwierigkeiten darin verweilen. Es

kommt jetzt zu einem oft verblüffend langandauernden Untertauchen des Kopfes. Freischwimmendes Tauchen ist jedoch bei Hunden äußerst selten, und es bedarf eines besonderen Trainings.
Leider ergibt sich bei solchen Wasserspielen meist eine schädliche Nebenerscheinung. Der Hund gewöhnt sich nämlich daran, Steine herauszuholen. Das kann unter Umständen einen Eckzahn kosten und ist für das Gebiß bestimmt nicht gut. Ansonsten nimmt ein gesunder Hund beim Baden keinen Schaden. Es empfiehlt sich aber, ihn spätestens dann mit einem Tuch oder mit Zeitungspapier abzutrocknen, wenn er sich nicht mehr frei bewegen kann, weil er in den Wagen gebracht oder zu Hause hereingenommen wird. Es gibt auch Hunde, die ohnehin zu Ekzembildungen neigen, die im nur teilweise sauberen Wasser unserer Seen und Flüsse entsprechende Ausschläge bekommen. Aber im großen ganzen schadet das Herumtollen im Wasser nicht, im Gegenteil, es regt den Hund an und veranlaßt ihn zu intensiver Bewegung. Und überdies macht es Hund und Meister Spaß.

Wie ein wasserscheu gemachter Hund kuriert wird

Bei einem Aufenthalt an der ligurischen Küste konnte ich beobachten, wie eine Familie ihren jungen Dackel so zum Schwimmen bringen wollte, wie man es nicht tun sollte. Die folgenden Bilder dokumentieren dies deutlich. Man zerrte den Kleinen, der übrigens noch nie mit Süßwasser konfrontiert worden war, an der Leine in die salzige Flut. Für die Hundenase war dies eine völlig neue Situation, und der Hund sträubte sich entsprechend. Er wurde teils gescholten, teils ausgelacht, und man zwang ihn stur so weit hinein, bis er den Boden unter den Füßen verlor. Das arme Hundchen zappelte kläglich und war frustriert. In den nächsten Tagen blieb er weit ab vom Strand, und die Besitzer nannten ihn einen Feigling. Das war mir nun zuviel, denn dieser kleine Hund schien mir recht wesenssicher zu sein. Ich erklärte den Leuten, daß bei ihrer abwegigen Methode auch der stärkste Hund das Wasser meiden würde. Etwas später fragten mich dann die Dackelbesitzer, wie man es denn eigentlich machen sollte. «Das ist jetzt nicht mehr so einfach», mußte ich erklären, «der erste Eindruck haftet meist tief.» Aber ich fügte bei: «Wenn wir es dennoch versuchen wollen, zeigt es sich vielleicht, daß ihr Dackel kein Feigling ist, nur müssen wir stufenweise vorgehen und Geduld üben.» Man war einverstanden, und wir unternahmen folgendes:

Einen Hund so ins Wasser zu zerren, zeugt nicht von Verständnis für das Tier.

Nichts wie raus! Und womöglich nie mehr ins Wasser!

1. Zuerst wurde ein Lieblingsspielzeug, ein gelber Vollgummiball, dazu benützt, ihn an die Nähe des Wassers zu gewöhnen. Man ließ ihn entlang der Uferlinie rollen. Er verfolgte ihn und nahm ihn auf, wenn er nicht zuvor ins Wasser zu liegen kam. Geschah dies, wurde er für den Dackel herausgeholt und an Land geworfen, wo sich das kleine Tier hemmungslos mit dem Ball vergnügen konnte.
2. Einen Tag später wurden diese Übungen wiederholt, dann aber wurde plötzlich der Ball einige Meter hinausgeworfen. Nun wurde der Dackel auf den Arm genommen und neben dem Ball ins Wasser gelegt, worauf sich der Besitzer sogleich wieder an den Strand begab. Bei alledem durfte er kein Wort sprechen. Suchte der Hund zuerst – scheinbar ohne den Ball zu beachten – wieder das Ufer zu erreichen, wobei er bald recht ruhig zu schwimmen begann, interessierte er sich schon am andern Tag für den Ball, schubste ihn ein wenig, nahm ihn aber nicht auf. Bis er die auf dem Wasser schaukelnde gelbe Kugel jedoch aufnahm und an Land trug, vergingen noch zwei Tage.
3. Nach fünf Tagen verfolgte der Hund den Ball spontan, wenn er hinausgeworfen wurde, und brachte ihn an Land. Schwimmen war ihm zur Selbstverständlichkeit geworden. Nur wenn die Besitzer mit ihm hinausgehen wollten, streikte er noch. Er hatte eben durch das Hereingezerrtwerden an der Leine gelernt, daß Baden inmitten seiner Besitzer eine unangenehme Sache war.

Kapitel IX

Kynologie für Anfänger

Kein anderes Lebewesen läßt sich so in eine menschliche Familiengemeinschaft integrieren wie ein Haushund. Er fügt sich in den Tagesablauf ein, entwickelt unterschiedliche Einstellungen zu seinen menschlichen Partnern. Der eine ist ihm «Leittier», dem er gehorcht, der andere mehr Spielgenosse, dem er sozusagen auf gleicher Stufe begegnet, ihn vielleicht auch zu dominieren versucht. Dieses Verhalten eines Tieres «in unserer Mitte» ist höchst erstaunlich, auch wenn wir uns nicht ständig dessen bewußt sind.
Warum eigentlich ist all dies einem Hund möglich? Das fragt man sich leider nur selten. Häufiger beklagt man sich darüber, was er alles nicht könne und tue oder falsch mache.
Bei der Beratung von Besitzern, die mit ihrem Hund Schwierigkeiten haben, stellt sich oft heraus, daß es gar nicht dazu gekommen wäre, hätten sie mehr gewußt vom Wesen des Hundes und von seinem Verhalten. Dieses Wissen um den Hund, insbesondere um sein Auffassungsvermögen, ist die Voraussetzung dafür, daß es zu einer Verständigung kommen kann.
Wollen zwei Menschen verschiedener Sprache miteinander etwas unternehmen, muß der eine von beiden auch des andern Sprache sprechen. Mensch und Hund haben ebenfalls eine unterschiedliche Sprache, und es ist klar, daß es am Menschen liegt, sich die «Sprache» des Hundes anzueignen, damit ihn dieser verstehen kann. Wir sollten uns demnach bei der Erziehung und Ausbildung des Hundes bemühen herauszufinden, was der Hund auf seine Weise verstehen kann und was nicht, bevor wir auf ihn einwirken.
Leider wird dies selten getan. Meist geht der Anfänger in Hundehaltung mit seinem vierbeinigen Partner so um, als wäre er ein Kind, das nicht sprechen kann. Das heißt, er vermenschlicht ihn.
Dieses Vermenschlichen ist die Hauptursache für jene Probleme, die sich bei der Haltung oder Ausbildung eines Hundes ergeben.
In vielen solchen Fällen kann durch die Vermittlung der Grundlagen kynologischen Wissens den Betroffenen geholfen werden. Der Erfolg tritt immer dann ein, wenn die in Schwierigkeiten gerate-

nen Hundebesitzer sich wirklich bemühen, die Andersartigkeit des Hundes zu verstehen und zu akzeptieren. Sie erkennen dann, daß man nicht den Hund verändern muß, will man ihn erziehen und ausbilden. Was zu verändern ist: unsere Einstellung zu diesem erstaunlichen Tier, das alles mitbringt, was ein Zusammenleben und Zusammenwirken mit dem Menschen möglich macht.

Was ist anders beim Hund?

Diese Frage müssen wir uns zu erklären versuchen, wenn wir die Absicht haben, gute Hundebesitzer oder Hundeführer zu werden. Dabei geht es in erster Linie um die anatomisch bedingten Verschiedenheiten zwischen Mensch und Hund.

Ein Mensch von 52 Kilogramm Gewicht verfügt im Durchschnitt über ein Hirn von einem Kilogramm. Die Masse seines Rückenmarkes steht dazu in einem Verhältnis von 48 zu eins. Der Hund dagegen hat ein bedeutend kleineres und leichteres Hirn, aber dessen Gewicht verhält sich zur Masse des Rückenmarkes wie fünf zu eins. Das bedeutet, daß das Nervensystem des Haushundes im Vergleich zu uns viel weniger zentralisiert angelegt ist. Damit sind jedoch nicht nur Nachteile, sondern auch große Vorteile verbunden. So hat der Hund ein ausgeprägteres Raumempfinden. Er ist auch in bezug auf Stimmungen und Stimmungsübertragungen sensibler als wir. Gerade die Stimmungsübertragung ist ein sehr wichtiges und oft zu wenig beachtetes Hilfsmittel bei der Erziehung und Ausbildung des Hundes. Wir würden Mühe haben, einen von Unlustgefühlen erfüllten griesgrämigen Menschen in wenigen Sekunden in eine gute Stimmung zu versetzen, außer wir seien ein unwiderstehlicher Clown. Beim Hund gelingt uns dies mit etwas Konzentration fast mühelos. Er läßt sich durch uns «aufstellen» und damit in eine aufnahmefreudige Verfassung bringen. Und jetzt wirkt unser ausbildnerisches Bemühen produktiv. Anders ausgedrückt: Wenn wir den Hund in erwartungsvolle Spannung versetzen, bevor wir etwas mit ihm üben, wird er gern und rasch in erwünschter Weise reagieren. Voraussetzung ist natürlich auch hier, daß wir so vorgehen, daß der Hund die Chance hat, uns auf seine Weise zu verstehen und dadurch zu merken, was wir von ihm wünschen.

Bevor wir nun von weiteren anatomischen Unterschiedlichkeiten des Hundes im Vergleich zum Menschen sprechen, möchten wir einen wichtigen Ansatzpunkt für unser Zusammenwirken mit dem Hund darlegen.

Vom tiefen Bedürfnis des Hundes nach Kommunikation und Kooperation

Wer hat nicht schon jemanden sagen hören: «Ein Hund ist für mich ein allzu unterwürfiges Wesen. Eine Katze dagegen, die hat Charakter. Die tut, was sie will, und nicht, was wir wollen!» Dieser Ausspruch ist deshalb grundfalsch, weil es sich hier nicht um Charaktereigenschaften handelt, sondern um zwei von der Natur völlig verschieden ausgestattete Tiere. Ein jedes ist nach seiner Art in der Lage zu überleben. Die Katze ist als Einzeljäger befähigt, ihre Beute im Alleingang zu finden, zu stellen und zu töten. Es findet keine Jagd im Zusammenwirken mit Artgenossen statt. Somit ist die Kommunikation und Kooperation für das Überleben nicht unerläßlich. Genau das ist jedoch beim Wolf, dem Urahnen des Hundes, der Fall. Er ist zumindest in den härteren Jahreszeiten auf das Mitwirken seiner Rudelgefährten angewiesen, da er dann Tiere erlegen muß, die viel größer und kräftiger als er selbst sind und denen er im Alleingang nicht beikommt. Er muß also zur Rudeljagd begabt sein, das heißt, er muß sich mit seinen Rudelpartnern absprechen können (Kommunikation), um zur wirkungsvollen Zusammenarbeit mit ihnen zu gelangen (Kooperation). Diese spezifisch hundliche Anlage ist auch in unserem Haushund erhalten geblieben. Als domestiziertes (zum Haustier gewordenes) Tier ist er nun auch in der Lage, uns Menschen als Rudelpartner zu empfinden und zu akzeptieren. Aus dieser Befähigung entsteht in ihm aber auch ein tiefes Bedürfnis, mit uns in Kontakt zu kommen, uns verstehen zu können und gemeinsam mit uns etwas zu unternehmen. Schöner als jedes nachträgliche Lob ist deshalb für ihn die Gewißheit, verstanden zu haben und verstanden worden zu sein. Je leichter wir es dem Hund machen, zu jenem Punkte der Verständigung zu gelangen, je besser wir seine Sprache sprechen, die nicht aus Worten, sondern aus Lauten, Gefühlsregungen und Gesten besteht, desto freudiger und genauer folgt er unseren Anweisungen. Man spricht dann von einem arbeitsfreudigen Hund. Versuchen wir uns dagegen willentlich und Befehle rufend durchzusetzen, bedrücken und überfordern wir den Hund und beeinträchtigen seine Arbeitsfreude und Ansprechbarkeit. Es ist also vorteilhafter, den Hund nicht als einen Befehlsempfänger zu betrachten, der dümmer ist als wir, sondern als einen arbeitswilligen Partner, der von der Natur anders angelegt wurde als wir. Gelingt uns die Verständigung mit ihm, wird er uns liebend gern jene

Talente zur Verfügung stellen, die wir gar nicht oder in viel geringerem Maße als er besitzen.

Das Auge – Sehen und erkennen

Angenommen, unser Hund ist auf dem Spaziergang zurückgeblieben, und wir haben uns nun irgendwo hingesetzt und verhalten uns ganz ruhig. Normalerweise wird uns der Hund suchen, wobei er meist seine Nase einsetzt. Gelangt er in unsere Nähe, stürzt er unter Umständen freudig auf uns zu. Es kann aber auch sein, daß er wenige Meter vor uns plötzlich stehen bleibt, uns anstarrt und sogar zu knurren oder bellen beginnt. Dann nämlich, wenn er im Nackenwind steht, also keine Witterung von uns erhält, und wir uns wirklich in keiner Weise regen. Er erkennt uns dann nicht, er sieht nur, daß sich vor ihm etwas auf der Fährte befindet, die er auf der Suche nach uns verfolgt hat.
Vielfach wurde und wird aus solchen Beobachtungen geschlossen, daß der Hund schlecht sehe, schlechter als wir selbst. Dem ist aber keinesfalls so. Der Hund sieht nicht weniger gut als wir, er sieht nur auf andere Art. Sitzen wir wie oben beschrieben vor dem verharrenden Hund, und machen nun die geringste Bewegung – das Verziehen der Lippen zu einem Schmunzeln genügt – erkennt er uns sogleich und kommt auf uns zu. Er ist ein «Bewegungs-Seher», kann starre Objekte zwar erblicken, aber nicht ihrem Wesen nach erkennen. Dafür erkennt er die Charakteristik jeder kleinsten Bewegung und damit auch das Lebewesen, welches diese ausführt. Das zeigt sich auch dann, wenn wir den spielenden Junghund aus einer Schar von Artgenossen herbeirufen und dabei stillstehen. Er reagiert zwar auf unseren Ruf, blickt in unsere Richtung, aber er erkennt uns nicht und bleibt unschlüssig stehen. Treten wir jedoch ein wenig zur Seite, wird ihm schlagartig klar, wer wir sind, und er eilt herbei.
Die Zugehörigkeit einer Bewegungsweise zu einem bestimmten Lebewesen vermag der Hund selbst dann zu erkennen, wenn diese von einem im hohen Gras verborgenen Tier auf die Spitzen der Grashalme übertragen wird. Handelt es sich beim Verursacher der Bewegung um eine Maus, wird er diese im sogenannten Mäuselsprung angehen und zu fassen versuchen. Handelt es sich dagegen um eine Schlange, sträubt sich ihm das Nackenhaar, und er wird

Erziehungskurse sollten Hunden und Besitzern Spaß machen und dabei auch praktisch anwendbare Kenntnisse vermitteln. Nur die besten Ausbilder eines Vereins sollten sich deshalb mit den Anfängern in Hundehaltung befassen.

Wer mehr tun möchte mit seinem Hund, dem steht der vielseitige Hundesport offen.

Der verantwortungsbewußte Hundehalter sorgt dafür, daß sich sein Hund gegenüber Fremdpersonen verträglich zeigt, daß er nicht Wildschaden verursacht und daß er den Kot nicht an ungeeigneter Stelle absetzt. Diese Bilder wurden einem Prospekt zur Förderung verantwortbarer Hundehaltung der Stadt Zürich entnommen.

auf keinen Fall angreifen. Man sieht, daß seine Art zu sehen und zu erkennen offenbar für sein Überleben von Bedeutung ist.

Wie weit sieht der Hund?

Es beschäftigt uns auch oft die Frage, wie weit der Hund zu sehen imstande sei. Darüber sind mehrfach Untersuchungen gemacht worden. So auch 1932 von Prof. Bastian Schmid in München. Ausgehend von der allgemein gebräuchlichen Floskel «bekanntlich sieht der Hund schlecht» unternahm er Tests, um das bestehende Vorurteil zu entkräften. Es standen ihm 12 Hunde der Polizeidirektion München zur Verfügung sowie das nötige Personal. Das Alter dieser Hunde bewegte sich zwischen 3 und 6 Jahren, und sie waren alle am Mann im Schutzanzug hochgradig interessiert. Einen solchen Mann ließ Schmid nun teils stillestehend, aber eine kleine Flagge schwenkend, teils marschierend für die Versuchstiere sichtbar werden in unterschiedlichen Distanzen. Dabei ging es zuerst nur um das Erblicken, nicht um das Erkennen.
In einem ersten Versuch bei regnerischem Wetter nahm der Hund Waso den stillstehenden Mann einmal auf 490 m, einmal auf 585 m Distanz wahr. Im zweiten Fall war er nach 60 Sekunden bei ihm, was einer Geschwindigkeit von etwa 35 km/h entspricht. Der Hund Tago versagte auf 585 m Distanz, bemerkte das Ziel jedoch in 410 m Entfernung sofort. Die Hündin Trudl konnte die Person auf 450 m nicht wahrnehmen, doch hatte inzwischen so heftiger Regen eingesetzt, daß der Versuch abgebrochen werden mußte.
Der zweite Versuch fand bei Sonnenschein und klarer Sicht statt. Keiner der Hunde vermochte die nun in Bewegung befindliche Zielperson auf 930 m Distanz wahrzunehmen. Dagegen gelang dies dem Rüden Willi auf 500 m, der Hündin Tess auf 605 m und dem Rüden Vagant gar auf 645 m.
In weiteren Versuchen zeigte es sich, daß stillstehende Personen auf Distanzen zwischen 400 und 600 m wahrgenommen wurden, je nach der individuellen Sehleistung der verschiedenen Hunde. Bewegte sich die Zielperson, ergab sich als Höchstwert die Entfernung von 810 m, und bei Distanzen um 500 m hatten alle Versuchstiere erfolgreich reagiert. Dies würde auch für uns Menschen eine respektable Leistung bedeuten. Wie erwähnt bezogen sich die Tests auf ein lebendes Objekt von hohem Reizwert für die Hunde. Inwiefern diese jedoch leblose Objekte wie Bäume und Häuser in

ähnlicher Distanz wahrzunehmen in der Lage sind, kann daraus nicht geschlossen werden.

Erkennen des Besitzers
Auch hier wurden die zu erkennenden Besitzer zuerst stillstehend, – dann in Bewegung befindlich den Hunden sichtbar gemacht. Im ersten Fall standen jeweils fünf Führer in einer Reihe mit 5 m Abstand, wonach der Hund mit verbundenen Augen in 100 m Entfernung vor ihnen abgestellt, von der Binde befreit und losgelassen wurde. Mit jedem Hund wurden drei Tests gemacht, wobei der Besitzer jeweils seine Position in der Reihe zu wechseln hatte. Liefen im ersten Test die einzelnen Hunde entweder direkt auf ihre Besitzer zu, oder schwenkten sie in einer Entfernung von mindestens 30 m auf diese ein, liefen sie im zweiten Test bei veränderter Position des Meisters meist in der früher eingeschlagenen Richtung, an die sie sich erinnerten. Sie korrigierten sich jedoch beim Herannahen auf den letzten 40 bis 20 Metern. Im dritten Versuch haben einige Hunde erneut die zuvor erfolgbringende Richtung eingeschlagen, während andere zuerst genau hinsahen, um dann direkt auf den Besitzer zuzulaufen. Die Erkennungsdistanz lag zwischen 100 und 20 m, dies je nach Veranlagung und Konzentration der verschiedenen Tiere. Als die Ausgangsposition auf 150 m erhöht wurde, ergaben sich deutlich schlechtere Resultate. Insgesamt lagen dann die Entfernungen, aus der die Hunde ihren Meister erkannten, zwischen nur 10 und 115 m, wobei diese großen Abweichungen wohl weniger vom eigentlichen Seh- und Erkennungsvermögen abhing als von der Wesensart der Tiere.
Bei den Erkennungstests mit in Reihe sich bewegenden Besitzern wurde deutlich, daß die Hunde diese schneller, sicherer und auf größere Distanzen zu erkennen vermochten als im Stillstand.
Für uns ergibt sich aus alledem die Bestätigung dessen, was wir eingangs festgestellt haben: Der Hund sieht keineswegs weniger gut als der Mensch, er sieht nur in anderer Art und Weise. Vor allem sieht er absolut ruhende Objekte nur schwer, und er vermag sie auch nur schwer oder gar nicht zu erkennen als das, was sie sind. Hingegen scheint er in Bewegung befindliche Lebewesen aufgrund der Charakteristik ihrer Bewegung selbst auf erhebliche Distanzen ihrer Art nach sicher zu erkennen, und man gewinnt den Eindruck, daß er uns in dieser Beziehung deutlich überlegen ist.

Farbsehen
Einige Forscher behaupten, der Hund sei farbenblind, andere behaupten das Gegenteil. Oder es wird behauptet, der Hund könne nur Grautöne unterscheiden. Ich bin aufgrund eigener Beobachtungen der Ansicht, daß Hunde Farben unterscheiden. Komme ich nämlich mit meinem Hund – es waren in all den Jahren deren fünf – vom Spazieren zum Parkplatz zurück, wo alle Wagen in einer Reihe stehen, begibt sich der Hund vorerst nicht immer zu meinem Auto, aber bestimmt zu einem gleichfarbigen Fahrzeug. In der Nähe angekommen riecht er dann, ob es sich um unseren Wagen handelt. Wenn nicht, sucht er den nächsten gleich gefärbten auf. Dies wiederholt er, bis er den richtigen gefunden hat. Als ich einmal den Wagen wechselte, ging es mehrere Wochen, bis mein damaliger Hund sich von Rot auf Blau umgestellt hatte. Dann war er aber wieder ganz sicher geworden.

Das Ohr – Horchen und Hören

Mein Deutscher Schäferhund Baco kam mit zehn Wochen zu uns. In den ersten vierzehn Tagen bellte er stets, wenn jemand das Achtfamilienhaus betrat oder verließ, oder wenn der Postbote an den Briefkästen war. Dann plötzlich schien er registriert zu haben, wer ins Haus gehörte, und er bellte nur noch sporadisch, dann einige Tage gar nicht mehr. Bis er einmal spät abends intensiv Laut gab und sich fürchterlich aufregte. Ich öffnete die Wohnungstür und hörte auf der Treppe jemand gehen. Bevor ich noch fragen konnte, rief mir der betreffende Mieter zu: «Ich bin es, aber ich habe noch einen Besucher bei mir!»
Baco hatte damit bewiesen, daß er nur noch ihm unbekannte Personen anzeigte. Dies bestätigte sich in der Folge immer wieder. Ausnahmen waren etwa Mieter, die etwas Schweres mitschleppten, oder Kinder, die im Treppenhaus spielten und dabei für den Hund ungewohnte Geräusche erzeugten.
Der Hund hatte also rein über sein Gehör die Leute zu unterscheiden gelernt. Jede Person hatte für ihn eine ganz bestimmte Bewegungsweise, die ebenso bestimmte akustische «Bilder» für ihn abgab. Jeder bediente für ihn auch die Schlüssel beim Öffnen oder Schließen auf ganz charakteristische Weise.
Man sieht daraus, wie unerhört gut ein Hund hört und wie er die Art der jeweiligen Geräusche fein zu differenzieren versteht. Man

nimmt an, daß der Hund etwa siebzehnmal besser hört als wir. Hinzu kommt, daß er Frequenzbereiche wahrnimmt, die wir gar nicht zu hören vermögen, und zwar nach oben und nach unten in der Frequenz-Skala. Daran sollten wir denken, wenn unser Hund wegen eines Geräusches außer Fassung gerät, das wir gar nicht als störend empfinden. Wir wissen nicht, welche Töne in welcher Stärke hier noch mitschwingen. Es kann auch geschehen, daß wir gar nichts hören und der Hund doch heftig reagiert.

Die Nase – Riechen und Finden

Die Riechfähigkeit des Hundes wird viel gerühmt, oft aber auch übertrieben. Immer wieder tauchen in der Presse Berichte auf, die Angaben enthalten, welche einen sechsten Sinn hinter der Riechleistung des Hundes vermuten lassen. Übernatürlich ist eine solch ausgeprägte Riechfähigkeit jedoch nicht, viele wildlebende Tiere sind darauf angewiesen, um zu überleben. Sicher dagegen ist, daß auch unser Haushund als Erbe seiner Raubtiervorfahren über kein besseres Sinnesorgan verfügt als eben seine Nase. Als einfache Hundehalter schenken wir diesem Umstand normalerweise keine Beachtung. Dabei wäre es durchaus möglich, auf Spaziergängen und Ausflügen unserem Hund Aufgaben zu stellen, die er mit seinem Riechorgan glänzend zu lösen weiß. Das macht nicht nur dem Hund, sondern der ganzen Familie viel Spaß. Und ab und zu läßt sich dann doch so etwas wie ein kleines Wunder erleben.

Vom Riechhirn und vom Eiersuchen

Als ich ein Knabe war, bedeutete Ostern für mich eine Reihe von außerordentlich freudvollen Erlebnissen. Es fing mit dem Sammeln von Moos im Glütschbachwald an. Mit dieser duftenden Urpflanze bauten wir zu Hause die Nester, die dann vom Osterhasen mit allerlei Leckerbissen in Eierform und einigen Schokoladehäschen gefüllt wurden. In der Morgenfrühe des Ostersonntags suchten wir in der ganzen Wohnung nach diesen Nestern, und beim Frühstück begannen wir, ihren Inhalt aufzuessen. Danach ging's in den Garten, und hier fand das Eiersuchen statt, für mich der absolute Höhepunkt des Osterfestes. Mein Vater stand wie ein General zwischen den Gartenbeeten, einen Plan in der Hand, worauf die Verstecke eingezeichnet waren, damit ja kein Ei vergessen

wurde. Er hakte die Fundstellen ab und wurde ärgerlich, wenn wir uns nicht sofort meldeten, sobald ein Ei entdeckt war. Die Spannung war unerhört. Jedes von uns fünf Kindern glühte vor Eifer, jedes wollte die meisten Eier finden. So kam es zu einer wahren Rebellion, als ich einmal zur Suche meinen Hund einsetzte. Im Nu fand ich mit ihm eine ganze Menge Eier. Obschon mein Vater sich das Lachen verkneifen mußte, befahl er mir in strengem Ton, den Hund ins Haus zu bringen, wo er auch künftig zu verbleiben hatte, solange wir dem herrlichen Spiel des Eiersuchens oblagen.
Ich hatte damals einen Airedale Terrier geschenkt erhalten und mit ihm im Kynologischen Verein unter kundiger Leitung das Fährtensuchen und Stöbern nach Personen oder Gegenständen gelernt. Vielleicht hat diese frühe Begegnung mit der sogenannten Nasenarbeit mich dazu befähigt, dem Hunde nachzufühlen, was er empfindet, wenn es ans Suchen geht. Wie uns als Kinder vor dem Eiersuchen, so erfüllt den Hund vor jeder Sucharbeit eine ungeheure Lust, eine Spannung ohnegleichen. Und diese Suchfreude ist es – nicht die Leistungsfähigkeit seiner Nase – die in erster Linie den guten Sucher und Fährtenverfolger ausmacht. Hier gilt es auch, mit der Ausbildung zu beginnen, nämlich mit der Steigerung der Suchfreude. Daraus ergibt sich jene Intensität, auf die es letztlich ankommt.
Die Nase eines Hundes mag gut oder weniger gut ausgestaltet und sensibel sein, entscheidend für den Erfolg ist die Stimmung des Hundes, die seine ganze Persönlichkeit durchdringt. Die erwünschte Begeisterung entsteht naturgemäß im Hirnbereich. Hunde haben zwar ein viel kleineres Hirn als wir, doch der siebente Teil davon bildet das Riechhirn, während dieses beim menschlichen «Denkapparat» nur zwei fingernagelgroße Läppchen darstellt. Der Hund ist somit ungleich besser ausgerüstet als wir, um Gerüche wahrzunehmen und zu differenzieren. Und er ist überglücklich, wenn ihm Gelegenheit geboten wird, dieses sein besonderes Talent anzuwenden.

Suchspiele

Man muß seinen Hund nicht speziell ausbilden, um mit ihm auf einfache Art Personen oder Gegenstände zu suchen. Wichtig ist, daß er eine Beziehung zur Person oder zum gewählten Gegenstand hat. Am besten beginnen wir mit der Personensuche. Dazu lassen wir den Hund von jemand zurückhalten, den er weniger gut kennt als die andern Teilnehmer des Familienbummels. Alle übrigen Personen entfernen sich nun im Gänsemarsch über eine Wiese oder ein Feld in gerader Richtung. Sie rufen dabei mehrmals nach dem Hund. Sind sie etwa dreißig bis vierzig Meter gegangen, wird der Hund hinter eine Deckung (Haus, Bodenwelle, Hecke) gebracht, so daß ihm die Sicht auf seine Lieben genommen ist. Diese werden nach achtzig bis hundert Meter nach rechts oder links abbiegen und sich nach einer weiteren nicht zu kurzen Wegstrecke hinter einem Gebüsch verstecken. Jetzt wird der meist höchst aufgeregte und oft winselnde Hund zum Ausgangspunkt geführt und freigelassen. Er wird nun zuerst einige Sprünge in der beobachteten Abgangsrichtung tun und mit den Augen suchen, bis er sich davon überzeugt hat, daß niemand zu sehen ist. Und jetzt beginnt er, die Nase zu gebrauchen. Ist das gewählte Gelände nur einigermaßen «sauber», das heißt, sind nicht zuvor viele andere Leute hier kreuz und quer gegangen, so wird der Hund bald die Spur aufnehmen und ihr folgen und an ihrem Ende auch finden. Die Freude aller Beteiligten ist dann jeweils groß. Zudem empfinden die menschlichen Partner des Suchspiels Respekt vor der Leistung ihres Vierbeiners.

Spielregeln

Es gibt da noch einige Punkte zu beachten. Im Versteck sollte man sich solange mäuschenstill und ruhig verhalten, bis der Hund uns mit der Nase anstößt. Es ist nämlich möglich, daß er uns zwar sieht, aber nicht erkennt, weil er mit seinen Hundeaugen stillstehende Objekte nicht zu deuten weiß. Es kann sogar geschehen, daß uns in dieser Situation der Hund aus wenigen Metern Entfernung anknurrt. Erst wenn er unsere Witterung in die Nase bekommt oder wenn wir uns geringfügig bewegen, weiß er genau, wen er vor sich hat. Das wiederum ermöglicht es uns, das Versteck so zu wählen, daß wir die ganze Spur überblicken und das Verhalten des Hundes beobachten können. Wir müssen also nicht unsichtbar sein für das menschliche Auge, aber doch im Schatten eines Baumes oder im Geäst eines Gebüsches verharren. Unerläßlich bei einer solchen Suche ist es, daß wir unseren Wagen nicht jenseits einer befahrenen Straße parkieren, weil auf der Spur unsicher werdende Hunde stets zum Auto, als ihrem «Zweitheim» zurückkehren. Bei jungen Hunden geschieht dies bedeutend weniger oft als bei schon älteren Tieren. Natürlich wird man auch anderweitige Gefahren berücksichtigen, die dem frei suchenden Hund zum Verhängnis werden könnten. Auch wählt man ein Gelände, wo wir weder Land- noch Flurschaden anrichten. Eine andere einfache Sucharbeit: Wir werfen vor den Augen des Hundes einen ihm bekannten und von ihm geliebten Gegenstand in ein Gebüsch oder ins Unterholz. Er wird ihn mit Ausdauer und Intensität suchen, bis er das Objekt endlich gefunden hat.

In der Natur des Hundes angelegte Verhaltensweisen
Vom Spiel des Hundes

Schon im frühen Welpenalter beginnen Hunde miteinander zu spielen. Beobachten wir einen Wurf längere Zeit, drängt sich allerdings bald der Gedanke auf, ob es sich beim Herumbalgen der Welpen wirklich um Spiel im menschlichen Sinne handelt und nicht um ein Verhalten, das als eine Art Vorbereitungstraining dem Überleben der einzelnen Tiere und des Rudels dient. Dazu muß man wissen, daß sich das Spielverhalten des Haushundes mit demjenigen wildlebender Hundeartiger im Welpenalter praktisch deckt. Tatsächlich haftet den Spielformen der Welpen etwas zwanghaft Getriebenes an, was denn auch im Begriff «Spieltrieb» zum Ausdruck gelangt.
Aus dem Spiel der Wurfgeschwister kommt es dann am Ende des Welpenalters zu jenen Rangordnungskämpfen, die so heftig werden können, daß nun die spielerischen Elemente vom ernsthaften Bemühen, seinen Gegner unterzukriegen, verdrängt sind.
Bei Junghunden und später auch bei erwachsenen Hunden tritt dann aber ganz unverkennbar wieder reines Spielen auf. Durch die Domestikation – so lehrt uns die Naturgeschichte – bleibt ja der Hund für sein Leben im Jugendalter und Jugendverhalten stekken. So dürfen wir erleben, daß unser Hund noch mit neun Jahren jede Gelegenheit zum Spiel mit uns oder mit einem Artgenossen wahrnimmt. Vernünftige Ausbilder freuen sich, wenn so ein Hund im vorgerückten Alter sich noch ganz und gar jugendlich gibt. Sie halten es für ein Zeichen dafür, daß dieses Tier noch vital und leistungsfähig sei. Leider gibt es auch Abrichter, die sich geradezu genieren, wenn ihr fortgeschrittener Sporthund nach wie vor ungehemmte Freude am Spiel verrät, weil sie darin einen Mangel an «Ernsthaftigkeit» erblicken. Doch auf derartiger Verwirrungen

von kontaktarmen Kynologen sei hier nicht näher eingegangen. Vielmehr möchten wir uns herzlich darüber freuen, daß ein Großteil unserer Hunde mit Ausdauer und sichtlicher Wonne zu spielen pflegt.

Beim Spiel des Hundes mit dem Artgenossen muß es sich nicht unbedingt um gleichgroße Partner handeln. Von der unerhörten Anpassungsfähigkeit unserer Vierbeiner wurde hier schon oft gesprochen, das Spiel bietet neue Hinweise dazu. Größere Tiere lassen im Spiel mit kleineren Hunden eine staunenswerte Rücksichtnahme erkennen. Sie sind fähig, die eingesetzten Mittel, also ihre Pfoten und Zähne sowie den ganzen Körper, dem schwächeren und leichteren Partner anzugleichen. Freilich können dies nur Hunde tun, die von Jugend auf Kontakt mit anderen Hunden haben. Die man also nicht bewußt vor anderen Hunden zurückhält und isoliert, wie das bedauerlicherweise gar nicht so selten geschieht. Betrachten wir zwei so ungleiche Hunde im Spiel, wie sie unsere Bilder zeigen, wirkt es immer wieder rührend, wie ein spielerischer Biß in die Kehle oder ins Genick mit einfühlender Zartheit und zudem mit erstaunlicher Präzision erfolgt. Ein Pfotenschlag wird so genau dosiert, daß ihn der Partner buchstäblich noch spielend zu ertragen vermag. (Dazu die Bilder gegenüber S. 80).

Interessant ist auch das Abwechseln im Rollenspiel. Einmal ist der eine der Verfolger, dann – nach einer Weile – wieder der andere. Einmal flüchtet der erste, dann wieder der zweite. Und schließlich liegt abwechselnd jeder der beiden einmal als «Besiegter» unten, dann wieder als «Sieger» oben, wenn sie im Verfolgerspiel ganz aneinander geraten sind.

Unsere kurze Betrachtung wäre nicht vollständig, würden wir nicht der Bewunderung für das Einfühlungsvermögen des größenmäßig überlegenen Partners auch die Hochschätzung der Keckheit des kleinen Partners folgen lassen. Jener Unerschrockenheit, der so gar nichts Nervöses anhaftet. Zwischen den Körpergewichten der hier abgebildeten Hunde liegen an die dreißig Kilogramm Unterschied. Einer solchen Differenz an Masse standzuhalten, erfordert sichere Nerven, sie nicht zur Überlegenheit auszunützen dagegen ein hochentwickeltes Sozialverhalten. Mit dieser Feststellung sind wir an einem heiklen Punkt im Verhältnis des Menschen zum Hund angelangt, nämlich bei unserer Neigung zum Vermenschlichen des hundlichen Verhaltens. Gerade beim Betrachten spielender Hunde laufen wir Gefahr, dem Hund menschliches Empfinden zuzubilligen. Und das wäre bestimmt falsch. Es haften dem Hund keine menschlichen Züge an, er befindet sich in seinem ganzen Tun und Lassen jenseits von Gut und Böse. So kennt auch sein Spiel keine Tücken.

Vom Familiensinn des Hundes

Der wissenschaftliche Name Canis familiaris (Familienhund) wurde dem Haushund nicht umsonst gegeben, handelt es sich doch bei ihm um jenes Tier, welches sich besser als alle anderen Vierbeiner in unsere Familien einzufügen vermag. Ja, es ist dem Hund ein inneres Bedürfnis, in der Familie akzeptiert und aufgenommen zu sein. Geschieht dies nicht, reagiert der Hund etwa so wie ein Kind, das sich zu Hause nicht geborgen fühlt. Er läßt dann Zeichen der Verwahrlosung erkennen, benagt Teppiche und Möbelstücke und beginnt zu streunen, falls ihm dazu Gelegenheit geboten ist. Warum eigentlich ist das so?

Glücklich der Hund, der sich im Familienrudel gut aufgehoben fühlt.

Das ererbte Sozialverhalten

Man ist bekanntlich heute der Ansicht, der Hund stamme vom Wolf ab. Sicher gehören seine wildlebenden Vorfahren wie der Wolf zur Gruppe der Hundeartigen. Und die meisten dieser Formen leben in Rudeln, das heißt, sie sind nicht Einzeljäger, sondern ausgesprochene Gruppenjäger. Im Rudelverband wird die Beute aufgespürt, gehetzt, gestellt und schließlich gerissen. Gemeinsam wird dann auch die Mahlzeit gehalten. All das ist nur möglich, wenn im Rudel eine gewisse Ordnung herrscht, die sogenannte Rangordnung. Nicht jedes Tier kann Leittier sein. Es muß somit jedes Rudelmitglied innerlich bereit und fähig sein, sich anzupassen und sich auf irgendeiner Stufe der Rangordnung einzufügen, und dort auch seine Leistung zu erbringen.

Auch im Familienrudel gibt sich ein Hund auf der ihm zugewiesenen Stufe der Rangordnung zufrieden. Er darf aber niemals selber Rudelführer als Hund unter menschlichen Rudelgenossen sein. Diese Rolle würde ihn überfordern, und – wie jene Beispiele zeigen, wo Hundebesitzer irrtümlich nach antiautoritären Grundsätzen vorgegangen sind – es kommt dann zu nicht mehr tolerierbaren Auswüchsen im Verhalten des Hundes.

Man tut somit seinem Hund keinen Dienst, wenn man ihm nicht klar zu erkennen gibt, was er tun darf und was nicht. Im Gegenteil, man verunsichert ihn dadurch zwangsläufig in jenem Moment, wo sich seine Führerrolle in der Praxis als unzumutbar erweist und man zum Eingreifen gezwungen ist. Jetzt ist es für den Hund selbst und für alle beteiligten Familienmitglieder bedeutend schwerer, den Weg zurück zu einem harmonischen Zusammenleben zu finden.

Vom Schutzverhalten des Hundes

Würde mich mein Hund verteidigen?

Gerade heute, wo die Kriminalität zunimmt, werden Hunde oft angeschafft, um sich vor Einbrechern zu schützen. Als Präventivmaßnahme hat sich dieses Vorgehen insofern bewährt, als festgestellt wurde, daß dort weniger eingebrochen wird, wo Hunde gehalten werden. Gefürchtet wird aber von den professionellen Kriminellen nicht der Hund an sich, sondern sein gutes Hörvermögen und der dadurch sehr bald entstehende Lärm (das Bellen), den er produziert. Extremes Beispiel dafür ist der sogenannte Kibuzz-

Der Hund schützt die schwächsten Familienmitglieder am spontansten.

Hund, der systematisch verunsichert wird, bis er beim leisesten Geräusch vor Angst zu kläffen beginnt. Damit schafft man sich eine lebende Alarmanlage.

Nun möchte der Durchschnittsbürger ja nicht einen überängstlichen Hund sein eigen nennen. Er wünscht sich vielmehr einen Familienhund, der vertraut mit andern Hunden und mit Menschen ist. Er soll nicht übermäßig bellen, Raufen ist tabu und Leute anfallen ebenfalls. Dennoch erwartet man von ihm, daß er uns in einem Ernstfall verteidigt. Ist das nicht von vornherein eine glatte Überforderung?

Nicht unbedingt. Wenn wir den Hund wirklich als Familienmitglied halten und ihm Zeit für seine Entwicklung lassen, wird er Wohnung, Haus und Garten als sein Revier, alle Familienangehörigen zudem als Rudelgenossen ansehen. Weist er nun wesensmäßig genügend Selbstsicherheit auf, wird er tatsächlich – bestimmt von seinem angeborenen Schutzverhalten – mit großer Wahrscheinlichkeit aktiv gegenüber Personen werden, die aus seiner Sicht einen Rudelgenossen gefährden oder bedrohen. Man kann nun einen Hund für diese Situation sensibilisieren, indem man ihn zum Schutzhund ausbildet. Der Zweck wird aber nur dann erreicht, wenn der Ausbildungsvorgang dem Hund nicht die Selbständigkeit nimmt. Er muß also nicht rigoros dressiert, sondern geschickt und vernünftig aufgebaut werden. Der Hund muß ungeheuren Spaß haben an der Sache und nicht unter einem Druck handeln, der ja bei einem Ernstfall fehlen wird. Gelingt es auf diese Weise, einen Hund zum lustvollen Angreifen, Packen und Festhalten einer (geschützten) Person zu bringen, dann haben wir einen Teil jener Voraussetzungen geschaffen, die ihn auch bei einer ernsthaften Konfrontation gegenüber einer Person tätig werden lassen. Der andere, entscheidende Teil liegt in der oben angedeuteten Selbstmotivation des Hundes durch sein naturgegebenes Schutzverhalten. Kommen diese beiden Dinge zusammen, haben wir einen Hund, der uns auch im Notfall verteidigen könnte.

Es ist demnach sinnlos, einen Hund als Wächter anzuschaffen und ihn außerhalb des Hauses in den Garten zu stellen wie einen Automaten. Jeder einigermaßen mit Hunden vertraute Ganove wird sich mit dem Tier in Kürze vertraut zu machen wissen. Davor schützt uns nur ein Hund, der ganz im Familienrudel aufgenommen wird, und mit dem man sich auch regelmäßig beschäftigt. Unser Hundesport bietet dazu gute Gelegenheit.

Anstelle eines Nachwortes: Den Hund nicht vermenschlichen!

In diesem Buch haben wir darzulegen versucht, wie anders der Hund die Umwelt aufnimmt und darauf reagiert als der Mensch. Wir zeigten, daß es an uns liegt, dem Hund verständlich zu machen, was wir von ihm wünschen. Diese Kommunikation kommt jedoch nur zustande, wenn wir unser Verhalten demjenigen des Hundes anpassen. Gelingt uns das, stehen uns alle die hervorragenden Talente unseres ältesten Haustieres zur Verfügung. Es handelt sich dabei zum Teil um Fähigkeiten, worin er uns bei weitem übertrifft.

Wenn wir den Hund vermenschlichen, d.h. ihn wie ein Kind behandeln, das nicht sprechen kann, kommen wir nicht zum Ziel. Es ergeben sich dann Mißverständnisse zwischen uns und unserem Partner. Wie aber soll man dem unablässigen Drang zur Vermenschlichung, der in uns allen steckt, wenn wir Tieren begegnen, entgegenwirken?

Vielleicht hilft es uns, wenn wir jene Begriffe nicht mehr verwenden, welche seit jeher die Vermenschlichung beinhaltet haben. Wenn wir sozusagen eine andere Sprache finden.

Denn der Mensch drückt sich nicht nur mit der Sprache aus, er wird von der Sprache, die er spricht, rückwirkend und zwangsläufig beeinflußt. Irgendein Wort, ein Satz oder ein mit Worten ausgedrückter Begriff löst in uns kaum bewußt bestimmte Vorstellungen und Erwartungen aus. Es werden damit auch Erinnerungen geweckt, die zu Assoziationen führen. Man kann sich diesen Vorgängen kaum entziehen. Sprechen wir von «Befehlen», erwarten wir, daß gehorcht wird. Der Hund jedoch kann einen Befehl nicht verstehen. Und was er nicht verstanden hat, kann er auch nicht tun. In diesem Augenblick des Mißverstehens reagieren wir nun leider oft wütend, weil wir fälschlicherweise denken: «Der Kerl will doch einfach nicht!» Und da mit dem Wort «Befehl» in uns der Begriff «Strafe» eng verbunden ist, handeln wir dann auch entsprechend. Aber mit Strafen im menschlichen Sinn erreichen wir beim Hund gar nichts, außer daß er verwirrt und frustriert ist. Wir haben ihn eben überfordert.

Vergessen wir also die Worte «Befehl» und «Strafe», wenn wir es mit dem Hund zu tun haben. Ersetzen wir sie mit «Verständlichmachen» und «Korrigieren».

Überfordert ist unser Hund auch, wenn wir ihn für fähig halten, Trotz zu zeigen oder ein schlechtes Gewissen zu haben. Seine praktisch fehlende Kombinationsgabe schließt ein derart menschliches Verhalten aus. Kommt unser Hund zum Beispiel auf allen Vieren ängstlich herbeigekrochen, so ist dies bei ihm nicht der Ausdruck eines schlechten Gewissens. Vielmehr hat er als guter Beobachter aufgrund unserer Haltung gemerkt, wie enttäuscht und wütend wir sind. Er verknüpft nun dieses unser Verhalten mit Handlungen, die wir aus einer solchen Stimmmung heraus ihm gegenüber schon vorgenommen haben, und davor fürchtet er sich.

Es hat wirklich keinen Sinn, seinem Hund aus irgendeinem Grund böse zu sein, denn er befindet sich seinem ganzen Wesen nach jenseits von Gut und Böse. Wir dürfen aber unserem Partner Hund zutrauen, daß er bereit ist, alles mit und für uns zu tun, wenn wir ihm nur verständlich machen können, was wir von ihm erwarten. Gehen wir bewußt und konzentriert diesen Weg, dann wird uns der Hund mit großer Freude folgen. Unser Leitspruch sei: Weg vom Befehl – hin zur Verständigung!

Die Adressen der Landesverbände

Deutschland:
Deutscher Verband der Gebrauchshundsportvereine e.V.
Gustav-Sybrecht-Str. 42
44536 Lünen
Tel.: +49 (02 31) 87 80 10
Fax: +49 (02 31) 8 78 01 22
E-Mail: info@dvg-luenen.de · Internet: http://www.dvg-luenen.de

Verband für das Deutsche Hundewesen e.V. (VDH)
Westfalendamm 174
D-44141 Dortmund
Tel.: +49 (02 31) 56 50 00
Fax: +49 (02 31) 59 24 40
E-Mail: Info@vdh.de · Internet: http://www.vdh.de

Österreich:
Österreichischer Kynologen Verband (ÖKV)
Johann-Teufel-Gasse 8
A-1230 Wien
Tel.: +43 (01) 8 88 70 92
Fax: +43 (01) 8 89 26 21
E-Mail: Office@oek.at · Internet: http://www.oekv.at

Schweiz:
Schweizerische Kynologische Gesellschaft (SKG)
Längassstraße 8
CH-3001 Bern
Tel.: +41 (0 31) 3 06 62 62
Fax: +41 (0 31) 3 06 62 60
E-Mail: skg@hundeweb.org · Internet: http://www.hundeweb.org

Einige Hundebücher

Wer mehr wissen möchte vom Hund:
Feddersen-Petersen, D.: Hundepsychologie. Stuttgart 1987
Weidt, Heinz: Der Hund mit dem wir leben. Berlin 1989

Wer Hundesport treiben möchte:
Ochsenbein, Urs: Der neue Weg der Hundeausbildung. Müller Rüschlikon Verlags AG, Cham. 7. Auflage 1997. (Darin ist eine Anleitung zur Ausbildung von Sport- und Rettungshunden enthalten.)

Register

Abrufübungen 74, 84
Afterdrüsen 170
Aggression 25, 107, 108
Allergien 12
Ängste 104
Ängstlichkeit 25
Anhalten 76
Anschaffungskosten 13
Anspringen 46
Appell 73, 147
Auge 184, 185, 186
Auto 111, 113, 115, 116, 162
Autofahren 31
Bahn 163
Befehl 197
Befehlen 40
Bellen 100
Benagen von Teppichen 104
Besuch 117
Bleib-Übung 81
Blockieren 60
Büro 118, 119
Ekzeme 13, 170
Erbrechen im Auto 104
Ernährung 121
Erste Nacht 38
Erziehungskurs 122, 124, 125, 140
Euthanasie 171
Familiensinn 193
Farbsehen 187
Finanzieller Aufwand 13
Flugreisen 163
Fotografieren 126, 128, 129, 130, 131, 132
Freilaufende Hunde 63
Futterschüssel 37
Gehen 76
Gehörgänge 170
Geschenk 133, 135, 136
Haftpflicht-Police 166
Haftpflicht-Versicherung 14, 146
Händler 33
Halsband 51
Haltungskosten 13
Herbeirufen 72
Hitzeempfindlichkeit 162
Hörzeichen 43, 46, 49
Hüftgelenkdysplasie 170
Hundebox 117
Hundebücher 125, 136, 137
Hundeferienheim 160
Hundehalfter 169
Hundeschuhe 158
Hundesport 138, 140, 141, 142
Hündin 17
Jagdhunde 143
Jagen 98
Jogger 143, 145, 146
Katastrophenhunde 143
Kinder 23, 147, 148, 149
Kläffen 25, 100
Knalleffekte 150, 151
Konsequenz 38, 42, 43, 73
Körpertemperatur 170
Korrektur 67, 68, 92, 93
Korrigierendes Einwirken 45
Lager 37
Läufigkeit 17
Leine 51, 70, 71
Leinenführigkeit 51, 67, 68
Lob 80, 94
Magendrehung 121
Maulkorb 152, 153, 154, 155
Mieter 11
Mischling 17, 33
Mundgeruch 170
Nase 188
Nässe 157
«Nein» 50
Ohr 187, 188
Pflege 156
Pfotenballen 158
«Pfui!» 50
Prägungsphase 26
Psychologen 159
Pubertät 19
Pudel 143
Rasse 17
Rassehund 16
Rasseklub 17
Rassetier 33
Reisen 160
Rettungshunde 151
Rudeltier 40
Rüde 17
Schadenfälle 164
Schimpfen 40
Schlaf 37
Schlafen 39
Schleppleine 57
Schneefresser 158
Schutzhundeausbildung 142
Schutzimpfungen 171
Schutzverhalten 194
Schwimmen 176, 177, 180
Setzen 76
Sitzstellung 80
Skifahren 159
Sozialisierungsphase 20, 23
Sozialverhalten 194
Spazieren 12, 57
Spiel 191, 192
Stachelhalsband 167
Stimmungsübertragungen 182
Strafe 197
Straßenverkehr 58
Streunen 100
Streusalz 158
Stubenrein 23
Stubenreinheit 32, 34, 103
Suchfreude 189
Such- und Rettungshunde 151
Tabu 48
Tierarzt 169
Transport 28
Übernahmealter 26
Unarten 91
Unfälle 14
Verdauungsbeschwerden 13
Verfolgen 105
Verhalten 172, 173, 174
Verhaltensgestört 171
Verhaltens-Schwächen 91, 96
Verknüpfen 46
Vermenschlichen 197
Versäubern 12, 174
Verständigung 191
Wasser 175
Wasserscheu 178
Welpe 19, 20, 23, 24, 26, 27
Wenden 76
Wildern 98
Windhunde 143
Wirbelbereich 170
Wurmbefall 170, 171
Zecken 158
Züchter 14, 17, 18 ff, 24, 25
Zughalsband 70